essentials

Stephan Wallaschkowski

Die Entstehung des modernen Konsums

Entwicklungslinien von
1750 bis heute

Springer

Stephan Wallaschkowski
Hochschule Bochum
Bochum, Nordrhein-Westfalen
Deutschland

ISSN 2197-6708 ISSN 2197-6716 (electronic)
essentials
ISBN 978-3-658-23891-9 ISBN 978-3-658-23892-6 (eBook)
https://doi.org/10.1007/978-3-658-23892-6

Die Deutsche Nationalbibliothek verzeichnet diese Publikation in der Deutschen Nationalbibliografie; detaillierte bibliografische Daten sind im Internet über http://dnb.d-nb.de abrufbar.

Springer ist ein Imprint der eingetragenen Gesellschaft Springer Fachmedien Wiesbaden GmbH und ist ein Teil von Springer Nature
Die Anschrift der Gesellschaft ist: Abraham-Lincoln-Str. 46, 65189 Wiesbaden, Germany

Was Sie in diesem *essential* finden können

- Überblick über die Konsumgeschichte von 1750 bis heute
- Darstellung der Entstehung des modernen Konsums im Zuge der Industrialisierung
- Beschreibung zentraler Entwicklungslinien auf dem Weg von der Mangel- zur Konsumgesellschaft
- Ausblick auf zukünftige Entwicklungspotenziale und -risiken des modernen Massenkonsums

Inhaltsverzeichnis

Einleitung 1

Jeder Deutsche besitzt heute im Schnitt über 10.000 Gegenstände; nicht wenige davon wurden noch nie benutzt (Trentmann 2016, S. 1). Einen so umfangreichen individuellen Güterbesitz hat es in keiner Gesellschaft je zuvor gegeben. Die westlichen Industrienationen werden daher häufig als ‚Konsumgesellschaften' bezeichnet, doch auch zahlreiche weitere Staaten rund um den Globus sind auf dem besten Weg dorthin. Unter Konsum (von lat. *consumere* = nutzen, verwenden, verzehren) wird dabei allgemein der Ge- und Verbrauch von Waren und Dienstleistungen zur Bedürfnisbefriedigung verstanden. Zwar gab es Konsum schon immer, doch standen hier bis zur industriellen Revolution für die Mehrheit der Bevölkerung die zentralen Grundbedürfnisse (Nahrung, Kleidung, Unterkunft) im Vordergrund; es ging vor allem um die Sicherung der eigenen Existenz. Das Leben war durch einen signifikanten Mangel an materiellen Gütern gekennzeichnet. Die meisten Leute hatten kaum genug Einkommen, um sich mehr als das Notwendigste zu leisten. So besaßen viele Familien bis zum 18. Jahrhundert nur wenig Möbel, Besteck und Geschirr, ja oft nicht mal ein Tischtuch. Die Wohnräume waren schlicht und beengt, Betten wurden geteilt. Nicht selten gab es nur einen Stuhl für alle (Stihler 1998, S. 27 f.).

In den modernen Konsumgesellschaften verbraucht die Mehrheit der Bevölkerung dagegen weit über die Deckung ihres Grundbedarfs hinaus; vielmehr besteht ein Großteil aus dem, was *Adam Smith* im *Wohlstand der Nationen* als ‚Annehmlichkeiten' bezeichnet hat: Sie befriedigen eher Wünsche denn Notwendigkeiten und zielen auf Selbstverwirklichung, Lustgewinn und Unterhaltung ab. Viele Dinge, die früher Privileg einer kleinen wohlhabenden Elite waren – bspw. ein eigenes Auto als moderne Hightech-Variante der Kutsche – sind heute Standard. War ihr Besitz damals ein Zeichen von Reichtum, gilt ihre Abwesenheit heute als Signal für Armut. Noch nie verfügten so viele Menschen über so

© Springer Fachmedien Wiesbaden GmbH, ein Teil von Springer Nature 2019   1
S. Wallaschkowski, *Die Entstehung des modernen Konsums,* essentials,
https://doi.org/10.1007/978-3-658-23892-6_1

viel finanzielle Mittel, um sich Güter zu Konsumzwecken anzuschaffen, wobei sie aus einem reichhaltigen Angebot an Waren und Dienstleistungen wählen können. Folglich verbringen wir inzwischen einen nicht unerheblichen Teil unseres Alltags mit Konsumaktivitäten. Smartphone, Kühlschrank, Fernseher, Laptop, Freizeitpark, Kino, Urlaub u. v. m. sind für uns heute selbstverständlich. Entsprechend gehen mittlerweile 60–70 % des BIP in den Industriestaaten auf den privaten Konsum zurück (Hochstrasser 2013, S. 132).

Vor diesem Hintergrund verwundert es nicht, dass die industrielle Revolution als epochales Ereignis in der jahrtausendelang vorwiegend durch Knappheit gekennzeichneten Geschichte der Menschheit angesehen wird. Konsumseitig markiert sie den Übergang vom Mangel zum Überfluss, vom Entbehren zum Begehren und von allgemeiner Armut zu allgemeinem Wohlstand. Dennoch wird sie häufig vor allem mit Kohle, Koks und Stahl, der Dampfmaschine, dem mechanischen Webstuhl sowie zahlreichen weiteren Innovationen im Produktionsbereich gleichgesetzt. Doch ohne einen gleichzeitigen Konsumwandel hätte ein immer weiteres Fortschreiten der Industrialisierung auf lange Sicht überhaupt keinen Sinn gemacht. Im Prinzip handelt es sich um die notwendigen Anpassungen der Nachfrageseite, ohne die die fortwährende Umwälzung der Angebotsseite schnell zum Ende gekommen wäre (Ziegler 2012, S. 1). Produktions- und Konsumwandel bedingen sich also gegenseitig und verlaufen eng miteinander verzahnt: Auf der einen Seite sorgen fossile Energieträger, standardisierte Produkte, Automatisierung der Fertigung sowie die Rationalisierung der Herstellung und deren Organisation in Großbetrieben für einen enormen Produktivitätsschub. Es konnten immer mehr Güter in immer kürzerer Zeit und zu deutlich sinkenden Kosten produziert werden, was den Betrieben bis dato ungekannte Spielräume für Preissenkungen zur Erschließung neuer Käuferschichten gab. Auf der anderen Seite gelangten so auf einmal immer mehr Waren, die vormals nur der reichen Oberschicht zugänglich waren, in Reichweite immer größerer Bevölkerungsgruppen. Gleichzeitig führt die rasante wirtschaftliche Entwicklung zu einem massiven Anstieg des Volkseinkommens, sodass den Menschen auch immer mehr Geld für Ausgaben abseits von Nahrung, Kleidung und Unterkunft zur Verfügung stand (Stihler 1998, S. 96 ff.). Zusammengenommen entfacht dies eine sich selbst tragende Wachstumsspirale in deren Verlauf viele ehemalige Luxusgüter zu Alltagsgegenständen werden, die sich selbst einfache Leute mit kleinem Budget leisten können, und an deren Ende der uns heute so vertraute materielle Wohlstand steht.

Dieses Springer essential beschreibt die Entwicklung der modernen Konsumgesellschaft von ihren Anfängen in den vorindustriellen Gesellschaften des 17./18. Jahrhunderts bis heute. Es zeigt auf, wie sich die industrielle Revolution und der fortschreitende Konsumwandel im Sinne einer steten Konsumexpansion immer wieder gegenseitig beeinflussen und befördern. Dazu wird zunächst die historische Entstehung unserer heutigen Konsumgesellschaft beschrieben und anschließend jene vier zentralen Entwicklungslinien herausgestellt, die die Geschichte des modernen Massenkonsums im Wesentlichen geprägt haben. Zum Schluss wird anhand aktueller technischer und gesellschaftlicher Trends ein kurzer Ausblick auf den Konsum der Zukunft vorgenommen.

Die Entstehung der Konsumgesellschaft im Windschatten der Industrialisierung

2

Die Ursprünge des modernen Massenkonsums liegen im England des späten 18. Jahrhunderts. Von hier aus nahm die Industrialisierung ihren Lauf.[1] Mit der Zeit erreichte sie weitere Länder Europas, dann die USA und letztlich die ganze Welt. Neben dieser regionalen Ungleichzeitigkeit wurden auch nicht alle Gewerbezweige gleichzeitig erfasst, sondern nach und nach. Am Anfang standen dabei stets einige ‚Basisinnovationen', die die Produktivität einer Branche massiv erhöhten und eine rasante wirtschaftliche Dynamik im jeweiligen Bereich nach sich zogen. Hiervon gingen dann mehrere jahrzehntelang Wachstumsimpulse für die gesamte Volkswirtschaft aus, bis neue Basisinnovationen in anderen Feldern neue Führungssektoren hervorbrachten, die die ökonomische Entwicklung zeitweise bestimmten (Ziegler 2012, S. 11).

Insofern ist der Begriff ‚Industrielle Revolution' etwas irreführend, da er suggeriert, dass es sich um ein einmaliges Ereignis handelt und nicht um einen

---

[1]Einige Historiker haben zwar sehr schön herausgearbeitet, dass sich bereits in den Jahrzehnten vor der industriellen Revolution in England und den Niederlanden erstmals einige Phänomene zeigten, die das Konsumverhalten der Menschen heutzutage stark prägen – u. a. das Aufkeimen einer verstärkten Modeorientierung, die Betonung von Freizeit und Hedonismus sowie die erstmalige rudimentäre Anwendung moderner Marketingtechniken – (für England siehe McKendrick et al. 1982; für die Niederlande De Vries 2008), doch handelte sich hierbei kaum um einen Massenkonsum im heutigen Sinne. Letztendlich betrafen diese Erscheinungen nur den Hochadel und einige wenige Angehörige des gehobenen Bürgertums, während die breite Masse weder das Einkommen noch die Zeit hatte, um an diesen Konsumformen teilzuhaben. Insofern spiegelt sich hierin eher die neue Suche der Menschen nach diesseitigen Genüssen infolge von Aufklärung, Säkularisierung und den damit einhergehenden individualistischen Wertvorstellungen wider, als dass zu diesem Zeitpunkt schon von einem ‚Aufbruch in den Überfluss' die Rede sein kann (Prinz 2003).

© Springer Fachmedien Wiesbaden GmbH, ein Teil von Springer Nature 2019
S. Wallaschkowski, *Die Entstehung des modernen Konsums,* essentials,
https://doi.org/10.1007/978-3-658-23892-6_2

immerhin noch 150–200 Jahre dauernden Prozess, selbst wenn dies nach über 10.000 Jahren Ackerbau und Viehzucht sicherlich ein ‚revolutionär' kurzer Zeitraum war. Folglich muss auch die Herausbildung der heutigen Konsumgesellschaften als Entwicklung angesehen werden, während der schrittweise immer mehr Waren und Dienstleistungen zu Massenkonsumgütern wurden, bis schließlich die überwiegende Mehrheit aller Produkte breiten Massen zugänglich war. Unterschiedliche Länder schafften den Durchbruch zum Massenkonsum zudem zu unterschiedlichen Zeitpunkten, sodass sich die Geschichte des modernen Konsums in mehrere Phasen unterteilen lässt.

2.1 Leichtindustrielle Phase (1750–1830): Textilien und Lebensmittel

Die industrielle Revolution begann mit der Mechanisierung der Textilproduktion zur Mitte des 18. Jahrhunderts – zuerst in England, ab der Jahrhundertwende auch in Kontinentaleuropa. Wichtige Basisinnovationen wie das *Flying Shuttle,* die *Spinning Jenny,* die *Waterframe* und der *Power Loom* (siehe Kasten 1) ließen die Preise für Garne und Tuche erheblich sinken. Allerdings konnten die ersten mechanischen Spinn- und Webmaschinen nur Baumwolle verarbeiten, da nur sie eine ausreichende Festigkeit hatte. Folglich war Baumwollkleidung – ehemals ein reines Luxusprodukt – auf einmal deutlich billiger als klassische Gewebe aus Wolle oder Leinen (König 2013, S. 102 f.). Oft war es sogar günstiger, Fabrikware aus Baumwolle zu nehmen, statt Stoffe aus traditionellem Material selbst zu weben. Besaßen die meisten Menschen bis dahin nur wenig zum Anziehen, verbreitete sich Konfektionskleidung aus der Fabrik nun schnell in allen Schichten (Steiner 2003). Insofern kann Fertigkleidung aus Baumwolle als eines der ersten Massenkonsumgüter der Welt betrachtet werden.

Kasten 1: Schlüsselinnovationen in der Textilindustrie des 18. Jahrhunderts
Das *Flying Schuttle* (‚fliegendes Schiffchen') wurde bereits 1733 von *John Kay* zum Patent angemeldet, begann aber erst ab ca. 1760, sich durchzusetzen. Es beschleunigte den Webprozess enorm, denn während ein Weber auf traditionellen Webstühlen das den Faden transportierende Schiffchen per Hand durch die alternierend geöffneten Kettfäden schieben musste, wurde das auf Rollen laufende fliegende Schiffchen über ein Seilzugsystem mit hoher Geschwindigkeit durch die Kettfäden hindurch ‚geschossen'. Auf diese Weise konnten auch breite Stoffbahnen von nur einer Person in

kürzester Zeit fertiggestellt werden. Dieser enorme Produktivitätsschub in der Weberei führte dazu, dass der Garnbedarf der Weber durch die damaligen Spinnverfahren nicht mehr gedeckt werden konnte. Die britische *Society of Arts* schrieb deshalb 1761 einen Preis für die Entwicklung einer Maschine aus, welche mindestens sechs Fäden zugleich spinnen konnte und trotzdem von nur einer Person zu bedienen war. Der Weber *James Hargreaves* konzipierte daraufhin die *Spinning Jenny* (Abb. 2.1), bei der ein einziger Arbeiter durch eine Handkurbel mehrere Spindeln auf einmal antreiben konnte. In den Folgejahren wurde die Anzahl der Spindeln immer weiter erhöht, weshalb der Perückenmacher *Richard Arkwright* bei seiner 1769 patentierten *Waterframe*-Spinnmaschine zu einem leistungsfähigeren Wasserradantrieb überging. In knapp 10 Jahren hatte die Produktivität der Spinnerei die der Weberei damit überflügelt. Folgerichtig strebte man nun auch hier den Antrieb per Kraftmaschine und die weitgehende Automatisierung an. 1784 erfand *Edmond Cartwright* mit dem *Power Loom* deshalb einen vollautomatischen Webstuhl, der sowohl mit Wasserkraft als auch per Dampfmaschine betrieben werden konnte.

Abb. 2.1   Verbesserte *Spinning Jenny* nach Richard Marsden

Tab. 2.1 Durchschnittlicher Ertrag verschiedener Getreidesorten in Europa (in kg/ha), 1800–1870. (Achilles 1993, S. 223)

	Um 1800	Um 1850	Um 1870
Roggen	900	1070	1270
Weizen	1030	1230	1500
Gerste	810	1120	1300
Hafer	680	1090	1300

Parallel dazu kam es aber auch zur Technisierung der Landwirtschaft, insb. in Form verbesserter Pflüge, dampfbetriebener Pumpsysteme zur Be- und Entwässerung und neuer Düngemittel. Dies brachte eine signifikante Ausweitung des Nahrungsangebots mit sich, abzulesen bspw. am Verlauf der Hektarerträge der wichtigsten Getreidesorten im 19. Jahrhundert (Tab. 2.1).

Die Ernährungssituation der Bevölkerung verbesserte sich dadurch erheblich. Fallende Preise ermöglichten darüber hinaus nun auch weniger Wohlhabenden, sich hin und wieder Lebensmittel zu leisten, die einst nur wenige bezahlen konnten – besonders markant im Fall von Zucker (siehe Kasten 2).

Kasten 2: Industrielle Zuckerraffination

Zucker wurde erstmals im 16. Jahrhundert in Form von Rohrzucker nach Europa importiert. Da sich Zuckerrohr klimatisch bedingt jedoch nur in den Tropen anbauen lässt, war er entsprechend teuer und selten. Als exklusive Kolonialware konnten ihn sich nur Adelige leisten. Mitte des 18. Jahrhunderts wurde jedoch entdeckt, dass auch einfache europäische Runkelrüben Zucker enthielten, woraufhin der Chemiker *Franz Carl Achard* ein Verfahren entwickelte, um diesen zu extrahieren. Im Jahr 1782 fing er an, systematisch Zuckerrüben zu züchten sowie in großem Stile anzubauen und 1801 eröffnete er in Cunern an der Oder schließlich die erste industrielle Rübenzuckerraffinerie der Welt. Weitere Unternehmer zogen schnell nach und innerhalb weniger Jahre war Zucker in riesigen Mengen auf dem europäischen Markt verfügbar. Der Preis sank folglich rapide und auf einmal konnte Zucker bis in die untersten sozialen Schichten hinein konsumiert werden. Süßigkeiten, Süßspeisen, süße Aufstriche und gesüßte Getränke verbreiteten sich rasant und sind aus unserem Alltag heute kaum wegzudenken (Mintz 2007).

2.2   Schwerindustrielle Phase (1830–1880): Metallwaren und Wohnungseinrichtung

In der zweiten Phase der Industrialisierung ab ca. 1830 trieben der Steinkohlebergbau, die Eisen- und Stahlindustrie, der Maschinenbau und die Eisenbahn die wirtschaftliche Dynamik voran. Basisinnovationen waren hier die Erfindung der Dampflok, neue Techniken des Tiefenbergbaus, der Kokshochofen sowie das Bessemerverfahren, um Eisen zu Stahl zu veredeln. Wegen der starken Verflechtung dieser vier Branchen spricht man auch von einem ‚Führungssektorkomplex': Zum Bau und Betrieb von Eisenbahnen wurden Stahl, Kohle und Schienenfahrzeuge benötigt; für die Stahlerzeugung brauchte man Kohle und für die Gewinnung von Steinkohle Pumpen, Förderanlagen und andere Maschinen. Nur die Eisenbahn war als Transportmittel wiederum leistungsfähig genug, um alles miteinander zu verbinden. Zugleich vergrößerte sie die erreichbaren Märkte, was weitere Impulse zur Ausweitung der Produktion lieferte (Ziegler 2012, S. 51 ff.).

Hierbei handelt es sich zunächst überwiegend um Bereiche der Produktionsgüterindustrie – die Passagierbeförderung spielte bei den frühen Eisenbahnen noch keine große Rolle, i. d. R. wurde Fracht transportiert. Doch mit dem wachsenden Volkseinkommen entwickelte sich quasi im Windschatten der vier Führungssektoren auch eine florierende Konsumgüterindustrie, bei der immer mehr Hersteller zur industrialisierten Fertigung übergingen und in großen Mengen standardisierte Produkte zu günstigen Preisen ausstießen. Neben der Lebensmittelverarbeitung – in dieser Zeit entstanden die ersten größeren Brauereien, Wurstfabriken, Süßwarenwerke etc. – betraf dies vor allem Metallwaren (Schnallen, Knöpfe, Haken, Ösen, Sensen, Äxte, Kochgeschirr u. v. m.) sowie Einrichtungsgegenstände und Möbel, die nun für breite Schichten erschwinglich wurden (ebd., S. 134 f.).

2.3   Die Phase der ‚neuen' Industrien (1880–1930): Mobilität, Elektrizität, Kunststoffe

Gegen Ende der 1870er Jahre büßte auch die Schwerindustrie ihre Rolle als Treiber der ökonomischen Entwicklung zusehends ein. Während sich die Märkte hier langsam sättigten, traten im Zuge des wissenschaftlichen Fortschritts gänzlich neue Branchen die Nachfolge an, die es bis dato nicht gegeben hatte; insb. der Kraftfahrzeugbau, die elektrotechnische Industrie und die Chemieindustrie.

Kraftfahrzeugbau

Die Geschichte der Automobilindustrie begann 1885 mit dem *Patent-Motorwagen Nr. 1* von *Carl Benz,* der als erstes alltagstaugliches Kraftfahrzeug der Welt gilt. Nur ein Jahr später folgte die *Motorkutsche* von *Gottlieb Daimler.* Zwar hatte es auch schon vorher Versuche mit dampfbetriebenen Automobilen gegeben, diese konnten sich jedoch nie durchsetzen, da sie zu groß, zu schwer und zu anfällig waren. Nachdem Daimler und Benz jedoch die Fähigkeit und Zuverlässigkeit benzinbetriebener Verbrennungsmotoren demonstriert und die Serienproduktion aufgenommen hatten, zogen andere schnell nach; und so etablierten sich schon in den 1890er Jahren in ganz Europa zahlreiche Fahrzeugfabriken.

Die frühen Automobile waren allerdings nur etwas für Wohlhabende, denn anfangs kostete ein Wagen noch beinahe so viel wie ein kleines Einfamilienhaus und die jährlichen Unterhaltskosten für Kraftstoff, Wartung und Reparaturen lagen ebenfalls in Größenordnungen von ungefähr der Hälfte des Anschaffungspreises (König 2013, S. 167). Zum Massenverkehrsmittel wurde das Auto daher erst einige Jahrzehnte später, nicht in Europa, sondern in den USA. Zwar entwickelte sich die amerikanische Automobilindustrie zunächst etwas verzögert zur europäischen, gehörte dann aber zu den Vorreitern, die die Fahrzeugproduktion rationalisierten und Autos für breite Käuferschichten produzieren wollten (ebd., S. 62). In diesem Zusammenhang wird häufig der Name *Henry Ford* genannt, doch auch schon Firmen wie *Oldsmobile* (Gründung 1897) strebten von Anfang an an, das Auto durch hohe Stückzahlen und niedrige Preise zum Massentransportmittel zu machen. Eine simple Konstruktion und hohe Reparaturfähigkeit durch die Verwendung maschinengefertigter Normteile unterstützten dies. Zur rationalen Arbeitsorganisation waren die einzelnen Maschinen und Arbeitsstationen in der Fabrik streng nach der Bearbeitungsreihenfolge angeordnet, um die Fertigungszeit pro Stück möglichst gering zu halten.

Henry Ford war es allerdings, der dieses Prinzip auf die Spitze trieb und perfektionierte. Denn der Teiletransport zwischen den Stationen erfolgte bei *Oldsmobile* noch auf fahrbaren Plattformen. Einzelne Montageteams zogen damit von Arbeitsplatz zu Arbeitsplatz, setzten einen Wagen von Anfang bis Ende zusammen, gingen dann wieder zum Start und begannen von vorn. In 1908 entschied Ford sich, ab sofort nur noch ein einziges Modell zu bauen – das legendäre *Modell T.* Der Grundaufbau dieses Modells blieb über zwei Jahrzehnte nahezu unverändert und alle Fabriken wurden maschinell und organisatorisch vollkommen auf dieses eine Produkt ausgerichtet. Für jedes Einzelteil gab es eine Spezialmaschine und Fließbänder transportierten die Teile automatisch zu den jeweiligen Fertigungsstationen. Die Endmontage selbst erfolgte zunächst noch traditionell, bis Ford 1914 auf die Idee kam, auch die zu montierenden Wagen

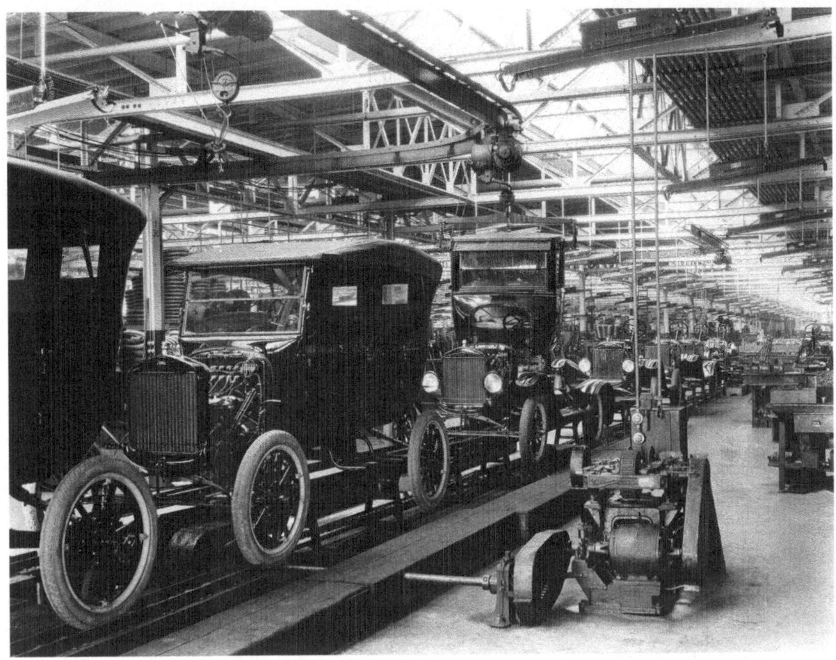

Abb. 2.2 Fließbandproduktion bei Ford (um 1915)

automatisch von Maschine zu Maschine zu transportieren, während die Arbeiter vor Ort blieben und nur noch jeweils einen kleinen Teilschritt ausübten, z. B. eine Schraube reindrehen, zwei Teile zusammennieten o. ä. Kaum waren sie fertig, rollte das nächste Teilstück heran, mit dem exakt dasselbe zu tun war (Abb. 2.2).

Der Ertrag dieser Rationalisierungsmaßnahmen übertraf alle Erwartungen, der Output erhöhte sich bei gleichem Arbeitseinsatz um ein Vielfaches. Betrug die Produktionsmenge vorher nur 6000 Stück pro Jahr, waren es anschließend 577.000 (ebd., S. 63). Hierdurch konnte Ford den Preis des *Modell T* erheblich senken: Von 825 US$ in 1908 auf 360 US$ in 1916; in den 1920ern waren es sogar nur noch 260 US$ (Schrage 2009, S. 181). Er wollte, dass sich auch einfache Arbeiter ein eigenes Auto leisten konnten. Folglich waren in 1918 über die Hälfte aller weltweit zugelassen Automobile *Modell T* und bis zu seinem Produktionsende in 1927 wurden über 15 Mio. Exemplare gebaut. Lange Zeit war es damit das meistverkaufte Fahrzeugmodell der Welt. Hatten 1890 nur wenige Menschen je ein Automobil gesehen, kam in 1925 schon ein Auto auf sechs

Amerikaner (Nye 2012). Vom Luxusgut war es damit zum Alltagsgegenstand geworden. Doch nicht nur das: Ford lieferte mit seinen Maßnahmen auch die Blaupause für die Rationalisierung zahlreicher weiterer Fertigungsprozesse, was zu einem unglaublichen Produktivitätsschub in vielerlei Branchen führte. Immer mehr Produzenten setzten darauf, billige Massenware für Konsumentenmassen herzustellen (Schrage 2009, S. 178).

Elektrotechnik

Das physikalische Phänomen der Elektrizität war zwar seit dem 17. Jahrhundert bekannt, galt lange Zeit aber als wissenschaftliche Kuriosität. Dies änderte sich schnell als Mitte des 19. Jahrhunderts erste praktische Anwendungsmöglichkeiten (etwa der Telegraph zur Nachrichtenübermittelung über weite Distanzen) entdeckt wurden. Ihren Durchbruch erlangte sie schließlich mit der Erfindung der Glühbirne durch *Thomas Edison,* da elektrische Beleuchtung gegenüber den damals üblichen Gas- und Petroleumlampen zahlreiche Vorteile besaß: Es gab keine offene Flamme, sie rußte nicht, dem Raum wurde kein Sauerstoff entzogen (was gerade in kleinen Räumen deutlich seltener zu Kopfschmerzen führte), das Licht flackerte nicht und es war angenehm warm. Edison war allerdings klar, dass ihm die Glühbirne alleine nicht viel bringen würde; nötig war auch ein wirtschaftliches System, um Haushalte und Unternehmen mit Strom zu versorgen. Er holte sich deshalb jede Menge Fachleute sowohl mit technischem als auch mit ökonomischem Know-how (Ingenieure, Mathematiker, Physiker, Kaufleute, Verwaltungsexperten etc.) und ließ sie solange forschen und Lösungsstrategien entwickeln, bis sein Erzeugungs- und Verteilungskonzept für elektrische Energie günstig genug war, um mit Gas konkurrieren zu können. 1882 war es soweit: Edison eröffnete das erste öffentliche Kraftwerk in New York und ließ in einem benachbarten Bankhaus publikumswirksam einen Kronleuchter aus Glühbirnen erstrahlen. Seine Zeitgenossen waren so beeindruckt, dass der internationale Erfolg nicht mehr aufzuhalten war; schon bald verkaufte Edison Systeme und Lizenzen in alle Welt. Nur ein Jahr später gründete z. B. *Emil Rathenau* in Berlin die *Deutsche Edison-Gesellschaft für angewandte Elektrizität,* die sich jedoch schon 1887 von ihrer Mutter emanzipierte und als *Allgemeine Elektrizitäts-Gesellschaft* (AEG) die Elektrifizierung Deutschlands eigenständig vorantrieb (Ziegler 2012, S. 122 ff.).

Dabei richtete sich die Nachfrage nach Elektrizität ursprünglich vor allem auf elektrisches Licht, doch wegen ihrer Einsetzbarkeit als universelle Energiequelle wurden schnell weitere Anwendungsfelder gefunden; schon Ende der 1880er Jahre verkehrten in den ersten Großstädten z. B. elektrische Straßenbahnen (König 2013, S. 66 f.), u. a. in Berlin (Abb. 2.3).

Abb. 2.3 Elektrische Straßenbahn am Berliner Alexanderplatz (1903)

Mit der Entwicklung leistungsfähiger Drehstrommotoren begann auch die Industrie, sich für Strom zu interessieren, denn der Elektromotor war der Dampfmaschine in mehrerlei Hinsicht überlegen: Er erzeugte weder Abgase noch Schmutz, war ohne Aufheizen sofort betriebsbereit, lief gleichmäßig und ruhig und verringerte die Unfallgefahr, weil er dezentral direkt in den Arbeitsmaschinen installiert werden konnte und deshalb keine Transmissionsriemen benötigte. Bereits 1906 wurde in Deutschland daher mehr Strom als Antriebsenergie verwendet als zu Beleuchtungszwecken (Ziegler 2012, S. 125 f.). Entsprechend rasant stiegen die Kapazitäten der Stromversorger – besonders ab der Jahrhundertwende (Tab. 2.2).

Tab. 2.2 Deutsche Elektrizitätswirtschaft, 1890–1913. (Ott 1986, S. 1)

	1890	1895	1900	1905	1913
Installierte Leistung in 1000 kW	17	60	272	591	2306

Zunächst spielte die private Nachfrage dabei noch keine große Rolle. Zwar verfügten ab 1910 alle deutschen Städte über ein Elektrizitätsnetz, doch die Kunden waren hauptsächlich Gewerbebetriebe. Elektrische Energie und elektrische Geräte waren bis zum ersten Weltkrieg für die Mehrheit der Bevölkerung noch zu teuer. Deswegen hatten in 1914 z. B. erst 5,5 % der Berliner Haushalte einen Netzanschluss. Der schnelle Anstieg der Kapazitäten senkte die Strompreise ab den 1920ern jedoch so sehr, dass er nun auch in ärmeren Haushalten Gas und Petroleum als Leuchtmittel ersetze. Danach betrug der Versorgungsgrad in Berlin in 1924 schon 21,4 % und in 1930 bereits 68 % – Tendenz weiter steigend (Zängl 1989). In den USA verhielt es sich ähnlich: 1917 waren 23,4 % aller Haushalte ans Elektrizitätsnetz angeschlossen, 1920 dann 47,4 % und 1930 über 80 % (Cowan 1976, S. 4). Zugleich reduzierten sich mit der Übernahme fordistischer Produktionsprinzipien die Preise für Elektrogeräte erheblich. Kostete eine Waschmaschine in den USA 1924 bspw. noch ca. 125 US$, waren es 1934 nur noch 50 US$ (Trentmann 2016, S. 247). Dadurch kommt es in dieser Zeit zu einer zunehmenden Technisierung der Haushalte. Besonders verbreitet war das elektrische Bügeleisen, das sein kohlebeheiztes Pendant schon bald nahezu vollständig ablöste, doch auch Staubsauger, Heizkissen und Durchlauferhitzer waren beliebt (Beltran und Carré 1997, S. 351).

Chemie
Frühe Ansätze einer eigenständigen Chemieindustrie zeigten sich bereits Ende des 18. Jahrhunderts infolge des Aufstiegs der maschinellen Textilproduktion. Um deren wachsenden Bedarf an Wasch- und Bleichmitteln zu decken, gründeten sich erste Betriebe, die sich voll auf die Produktion von Soda, dem kristallinen Salz der Kohlensäure, spezialisierten, das als Grundstoff hierfür diente. Ihren Durchbruch erlangte die Chemiebranche jedoch erst im letzten Drittel des 19. Jahrhunderts, als es erstmals gelang, aus Teer, einem in großen Mengen anfallenden Abfallprodukt der Eisenverhüttung, Anilin und Phenol zu isolieren. Von Anilin, einer aromatischen Verbindung, wusste man bereits seit einigen Jahrzehnten, dass sich hieraus sehr gut verschiedene künstliche Farbstoffe synthetisieren lassen – am bekanntesten sicher Anilinschwarz, Fuchsinrot und Indigoblau –, doch erst jetzt war es ausreichend verfügbar, um Kunstfarben im industriellen Maßstab herzustellen. Preislich waren sie so günstig, dass sie Naturfarbstoffe bald vom Markt verdrängten. Bei Phenol wiederum hatte man kurz zuvor seine desinfizierende Wirkung entdeckt, sodass man nun schnell in die massenhafte Produktion von Antiseptika für medizinische Zwecke einstieg und zudem nach weiteren therapeutisch wirksamen Kunststoffen suchte (Ziegler 2012, S. 129 ff.). Für die Endverbraucher war dies insofern relevant, als dass nun einerseits Kleidung noch billiger wurde, andererseits aber auch die Etablierung einer

professionellen Pharmabranche begann, die die Lebensqualität der Menschen im Krankheitsfall deutlich verbesserte. Später kam noch die Möglichkeit hinzu, aus Phenol als Basis ganz neue Polymere wie etwa Bakelit zu erzeugen, die preiswert herzustellen waren und sich gut verarbeiten ließen. Die Produktion diverser Konsumgüter wie z. B. Elektrogeräte wurde dadurch nochmals kostengünstiger, was deren Verbreitung weiter ankurbelte.

2.4 Durchbruch der Konsumgesellschaft in den USA (1930–1950)

Der Durchbruch zum modernen Massenkonsum gelang dann erstmals in den 1930ern in den USA. Zum einen, weil die amerikanische Wirtschaft von den verheerenden Folgen des ersten Weltkriegs weitestgehend verschont geblieben war, zum anderen, weil *Franklin D. Roosevelts* New Deal Politik nach der Weltwirtschaftskrise riesige Mengen Geld in den amerikanischen Binnenmarkt pumpte und den Aufschwung so schnell zurück brachte – bereits 1933 fing das Konsumniveau wieder an zu steigen. Kurz darauf hatte schließlich die überwiegende Mehrheit der Bevölkerung einen Lebensstandard erreicht, um von einer Konsumgesellschaft heutigen Typs sprechen zu können (König 2013, S. 28 ff.): Ein Großteil der Familien hatte jetzt ein eigenes Haus oder lebte in geräumigen Wohnungen mit Wohnzimmer, Schlafzimmer, Küche, Bad und Kinderzimmer. Sie verfügten über Zentralheizung, fließendes Warmwasser und waren mit allerlei Möbeln und Einrichtungsgegenständen ausgestattet. Die meisten besaßen ein eigenes Auto und nahezu alle waren ans Elektrizitätsnetz angeschlossen. Zu Hause gab es diverse elektrische Klein- und Großgeräte: Bügeleisen, Staubsauger, Waschmaschine und Telefon gehörten dabei zur Standardausstattung. Oft fand man aber auch schon Kühlschrank, Radio, E-Herd, Fön, Toaster, Ventilator, Plattenspieler, Mixer u. v. m. So ergab eine Umfrage unter Angestellten der Firma Ford aus dem Jahr 1929, das bereits 98 % von ihnen ein elektrisches Bügeleisen besaßen und immerhin 49 % eine Waschmaschine (Cowan 1976, S. 5). Auch Lebensmittel stammten nun häufig aus dem Supermarkt. Am Wochenende wurden Ausflüge unternommen, in der Freizeit gern eine der vielen neuen Unterhaltungsstätten (Kino, Freizeitparks, Tanzlokale) aufgesucht und hin und wieder fuhr man sogar in den Urlaub.

Doch nicht nur das: Der Konsum gelang zusehends ins Zentrum des Selbstverständnisses vieler amerikanischer Bürger (König 2013, S. 22 f.). Er verband beide Geschlechter, sämtliche Klassen, alle Generationen und Angehörige unterschiedlichster ethnischer Herkunft miteinander. Als Mittel mit dem die Weltwirtschaftskrise besiegt werden konnte, stellte er in der Wahrnehmung der Amerikaner fast schon eine staatsbürgerliche Pflicht dar. Die Nachbarn beobachteten sich deshalb gegenseitig, ob sie den Erwartungen entsprachen. Idiomatisch hierfür stand die Phrase „Keeping up with the Joneses" – Titel eines beliebten Comics jener Zeit, der den aufkeimenden Konsumismus karikierte (Abb. 2.4).

In den Ländern Europas verhinderten die beiden Weltkriege zunächst noch eine vergleichbare Entwicklung. Der wirtschaftliche Fortschritt kam hauptsächlich der Rüstungsindustrie zugute, Autarkiestreben schränkte die Konsummöglichkeiten

Abb. 2.4 Keeping up with the Joneses – „A great help to Pa"

weiter ein. Auch die ökonomischen Krisen der Zwischenkriegsjahre wurden hier weniger gut bewältigt, da staatliche Investitionen vor allem in Aufrüstung flossen (ebd., S. 32 ff.). Der Einkommensvorsprung eines typischen amerikanischen Haushalts gegenüber einem europäischen betrug damals das Zwei- bis Dreifache (ebd., S. 38). Konsumistische Verbrauchsmuster fanden sich folglich nur bei einer Minderheit, insb. bei Unternehmern, hoch qualifizierten Angestellten und gehobenen Beamten. So entfielen um 1930 von den weltweit 21 Mio. Telefonanschlüssen über 13 Mio. allein auf die USA, in ganz Europa gab es dagegen nur 5 Mio. Anschlüsse (Beltran und Carré 1997, S. 355). Und während bereits die Hälfte aller amerikanischen Wohnungen über Waschmaschine und Kühlschrank verfügten, waren sie in Europa in gerademal 1–2 % vorhanden. Auch Autos blieben hier zunächst weiterhin ein Verkehrsmittel der Oberschicht (König 2013, S. 134).

2.5 Aufholjagd Europas (1950–1980)

Europa schaffte den Sprung zur Konsumgesellschaft erst nach Ende des zweiten Weltkriegs; dieser erfolgte dann aber sehr schnell, weshalb die Nachkriegszeit in der deutschen Geschichte oft als ‚Wirtschaftswunder' gekennzeichnet wird. Der Wiederaufbau von Städten und Infrastrukturen und die Modernisierung der Industrie sorgten ab ca. 1950 für einen starken konjunkturellen Aufschwung, Vollbeschäftigung und eine signifikante Ausweitung des Produktangebots. Bis in die 1970er Jahre hinein profitierte die europäische Wirtschaft von enormen Wachstumsraten von etwa 5 % pro Jahr (Trentmann 2016, S. 273). Die Familieneinkommen wuchsen sogar überproportional zum BIP und ermöglichten zusehends die Erfüllung lang gehegter Konsumwünsche. So verdoppelten sich die Löhne und Gehälter der Arbeitnehmer in der BRD in den 1950ern z. B. in weniger als 10 Jahren. Es folgte ein bis dato nie gekannter Anschaffungsboom langlebiger Konsumgüter, die viele Amerikaner schon um 1930 erworben hatten (Schildt 1997): Waschmaschine, E-Herd, Kühlschrank, Radio, Staubsauger, Geschirrspüler u. v. m. verbreiteten sich rasant (Tab. 2.3). In Italien stieg die Anzahl der Fernseher von 88.000 in 1954 auf 1 Mio. in 1958, in Frankreich von

Tab. 2.3 Ausstattung Schweizer Haushalte mit Elektrogeräten 1950 vs. 1960. (Andersen 1997)

	Staubsauger (%)	Bügeleisen (%)	Waschmaschine (%)	Kühlschrank (%)
1950	63	11	16	11
1960	87	65	60	54

Tab. 2.4 PKW pro 1000 Einwohner in Deutschland und den USA, 1914–1989. (Kaelble 1997, S. 199)

	1914	1919	1929	1939	1949	1959	1969	1979	1989
D	1	1	7	20	7	69	207	369	466
USA	18	63	188	199	240	312	–	512	574

60.000 in 1957 auf 1,3 Mio. in 1960 (Haupt 2003, S. 128). Ab den 1970ern waren diese Geräte dann auch in Europa in den meisten Wohnungen Standard.

Auch die Zahl der in Europa zugelassenen PKW erhöhte sich in der Nachkriegszeit exponentiell (König 2013, S. 173 ff.): Besaßen gegen 1950 nur 5 % aller europäischen Familien ein Auto, waren es 1960 schon ein Viertel, 1970 mehr als die Hälfte und 1980 nahezu alle. Marktführer war dabei klar der *VW Käfer*, dessen Verkaufszahlen ab 1972 schließlich sogar die des legendären *Modell T* übertrafen. Die Europäer holten die USA beim PKW-Besitz damit zusehends wieder ein (Tab. 2.4). Der Massentourismus entwickelt sich ähnlich. Während 1950 nur ein Fünftel der Bevölkerung eine Urlaubsreise unternahm, waren es 1955 ein Viertel, 1960 ein Drittel, 1965 mehr als die Hälfte und seit 1980 die große Mehrheit (Trentmann 2016, S. 301).

2.6 Weltweite Ausbreitung (ab 1980)

In den 1980er Jahren erreichten auch immer mehr Länder außerhalb Nordamerikas und Europas den Übergang zur Industrienation – vor allem in Asien. Nach dem Zusammenbruch der Sowjetunion im Jahr 1990 setzte sich das westliche Konsummodell dann auch in den Staaten des ehemaligen Ostblocks durch und verbreitet sich inzwischen als Leitbild auf der ganzen Welt. Dabei werden die europäisch-amerikanisch geprägten Konsumformen teilweise unverändert übernommen, teilweise aber auch kulturell umgestaltet und an eigene Traditionen angepasst. Die nachfolgend beschriebenen zentralen Entwicklungslinien blieben in ihrer Grundstruktur jedoch stets erhalten, d. h. der Transformationsprozess verlief in allen Ländern relativ ähnlich – nur der Durchbruch zur Konsumgesellschaft erfolgte zu jeweils unterschiedlichen Zeitpunkten.

Zentrale Entwicklungslinien des industriellen Konsumwandels

3.1 Demokratisierung des Konsums

Der vorindustrielle Konsum war in vielerlei Hinsicht beschränkt. Am einschneidensten war aber sicherlich, dass nur eine sehr kleine Minderheit überhaupt die finanziellen Mittel hatte, um sich mehr als das Notwendigste zu leisten. Die überwiegende Mehrheit war dazu nicht in der Lage; zu groß waren die allgemeine Armut und die generelle Knappheit der allermeisten Güter. Nur ungefähr 10 % der Bevölkerung verfügten über nennenswerte disponible Einkommen für Konsumzwecke abseits von Nahrung, Unterkunft und Kleidung (Kleinschmidt 2008, S. 41). Mit der Industrialisierung ändert sich dies: Die rasante wirtschaftliche Entwicklung sorgte für einen rapide steigenden Bedarf an Arbeitskräften, mit dem das Bevölkerungswachstums bei weitem nicht Schritt halten konnte. Arbeitsnachfrage und Arbeitsangebot drifteten immer mehr auseinander, was signifikante Spielräume für Lohnsteigerungen eröffnete. Gleichzeitig führten Massenproduktion und Rationalisierung zu drastisch sinkenden Preisen, sodass die Kaufkraft der Menschen insgesamt stark anstieg (Stihler 1998, S. 135).

Frühindustrialisierung
In der Frühphase der Industrialisierung profitierte davon vor allem das aufstrebende Bürgertum, während Arbeiterfamilien anfangs dagegen kaum an dieser Entwicklung partizipierten. Studien kommen zu dem Ergebnis, dass sich deren Lebensstandard zwischen 1780 und 1850 gerade einmal um 15 % verbesserte und somit weiterhin nahe am Existenzminimum lag (Berg 2004, S. 375). Entsprechend waren Arbeiterwohnungen bis zur Mitte des 19. Jahrhunderts nach wie vor klein, beengt und spärlich eingerichtet (Abb. 3.1). Oft teilten sich mehrere Familien eine Wohnung und besaßen jeweils nur 1–2 Zimmer für sich; häufig gab es nur einen beheizten Raum für alle. Eigene Betten hatten meist nur

© Springer Fachmedien Wiesbaden GmbH, ein Teil von Springer Nature 2019

S. Wallaschkowski, *Die Entstehung des modernen Konsums*, essentials,

https://doi.org/10.1007/978-3-658-23892-6_3

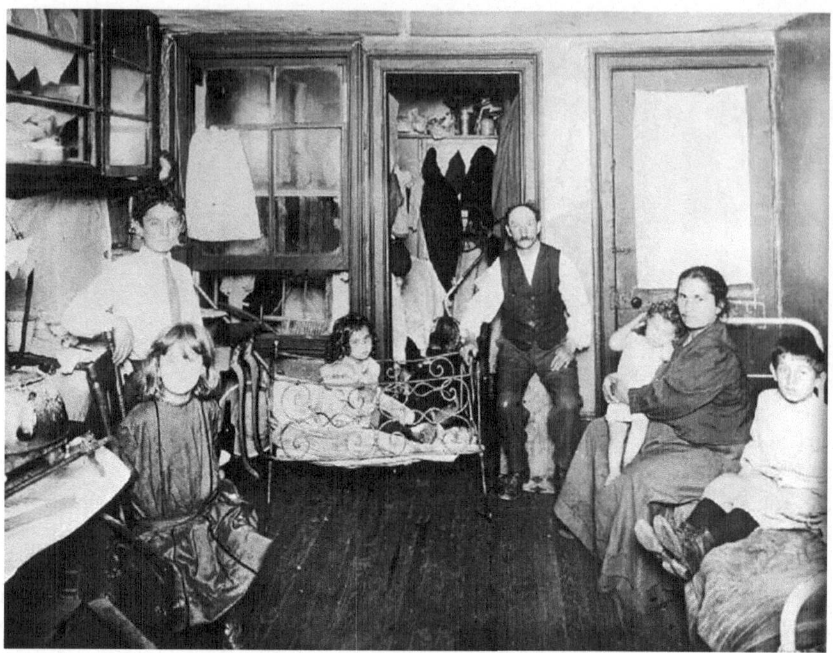

Abb. 3.1 Wohnverhältnisse von Arbeiterfamilien zur Mitte des 19. Jahrhunderts. (Foto: Jacob Riis)

die Erwachsenen, die Kinder schliefen bei ihnen oder teilten sich eins. Gegessen wurde mit Holzlöffeln aus einfachen Keramikschüsseln, Wasser wurde mit Eimern aus dem nächsten Brunnen geholt. Als Toilette nutze man Nachttöpfe oder einen Abort auf dem Treppenabsatz, der mehreren Wohnungen gemeinsam diente (Kleinschmidt 2008, S. 49; König 2013, S. 114 f.). Die Verbilligung der Lebensmittel sorgte aber immerhin dafür, dass das Problem der Mangelernährung abgemildert wurde, auch wenn der Speiseplan der Arbeiter vorerst eintönig blieb. Es überwogen Brot, Mehlbreie und Kartoffeln sowie Wasser und Zichorienbrühe (als Kaffeeersatz) zum Trinken (Haupt 2003, S. 35; König 2013, S. 82).

In den Ausgaben der bürgerlichen Haushalte standen bis zur Jahrhundertmitte zunächst zwar ebenfalls noch Güter des Grundbedarfs im Vordergrund, allerdings leistete man sich hierfür inzwischen ein eigenes Haus oder eine repräsentative Wohnung in guter Lage. Deren Ausstattung war normalerweise schon recht ansehnlich. I. d. R. fand man dort diverse Möbel, Sofas, Teppiche, Vorhänge, Tapeten, Uhren, Porzellan und allerlei Zierrat aus Kupfer, Zinn und Messing sowie gelegentlich auch das ein oder andere Gemälde, was zusammen ein durchaus komfortables Leben ermöglichte (Kleinschmidt 2008, S. 17 ff.). Heutige Selbstverständlichkeiten wie fließendes Wasser, Elektrizität und WC fehlten zwar auch hier, doch dafür hatte man Dienstboten (König 2013, S. 114 f.). Im Ernährungsbereich wurden sich nun regelmäßig Kaffee, Tee, Kakao und weitere Kolonialwaren gegönnt und auf den Tisch kamen gern auch mal Fisch, Wild, Reis und andere Besonderheiten.

Spätindustrialisierung

Mit dem Übergang zur schwerindustriellen Phase zieht die wirtschaftliche Dynamik nochmals stark an. Die europäischen Nationen und die USA profitieren von einem langanhaltenden konjunkturellen Aufschwung, sodass ab Mitte des 19. Jahrhunderts nun auch die Realeinkommen[1] der Arbeiterschaft deutlich ansteigen. In England verdoppelt sich die Kaufkraft eines typischen Arbeiters zwischen 1850 und 1900 z. B. nahezu (König 2013, S. 38; Trentmann 2016, S. 146), und für das Deutsche Kaiserreich ist die Entwicklung von dessen Gründung bis zum Beginn des ersten Weltkriegs in Tab. 3.1 dargestellt.

Tab. 3.1 Index der Nominallöhne und Lebenshaltungskosten im deutschen Kaiserreich. (Desai 1968)

	Nominallöhne	Lebenshaltungskosten	Reallöhne
1871	70	106	66
1875	98	113	87
1880	82	104	79
1885	87	99	88
1890	98	102	96
1895	100	100	100
1900	118	106	111
1905	128	112	114
1910	147	124	119
1913	163	130	125

1895 = 100 %

---

[1]Das Realeinkommen dient als Indikator für die Kaufkraft und wird durch Gegenüberstellung von Nominallohn und Lebenshaltungskosten bestimmt.

Arbeiterfamilien nutzten die positive Einkommensentwicklung wie zuvor schon das Bürgertum zunächst vor allem zur Verbesserung der Grundversorgung. Entsprechend gaben sie immer noch 50–70 % ihres Lohns für Lebensmittel, 10–15 % für Unterkunft und den überwiegenden Rest für Bekleidung aus (Kleinschmidt 2008, S. 21). Dafür leistete man sich nun aber gelegentlich sogar einen schicken Sonntagsanzug – auch wenn dies häufig noch ein ganzes Montagsgehalt erforderte (König 2013, S. 107). Ein darüber hinausgehender nennenswerter Verbrauch an Konsumgütern fand zwar noch nicht statt, doch immerhin kamen jetzt vermehrt auch Obst und Gemüse auf den Teller und am Wochenende brutzelte gern ein Stück Fleisch in der Pfanne. Folglich hat sich der Pro-Kopf-Fleischkonsum in Deutschland zwischen 1850 und 1900 von 22 kg auf 47 kg mehr als verdoppelt (Haupt 2003, S. 33). Insgesamt wurde die Ernährung der Arbeiterschaft in dieser Zeit deutlich reichhaltiger und vielseitiger. Parallel dazu besserte sich auch die Wohnsituation zunehmend (Hochstrasser 2013, S. 26; König 2013, S. 121): Besonders schlechte Wohnungen wurden aussortiert, neue bezogen und die Überbelegung merklich reduziert; die Wohnfläche pro Kopf nimmt zu, die Ausstattung wird umfangreicher. Die Wohnungen werden sauberer, größer und komfortabler. Infolgedessen wurden 1874 in England bspw. 6× so viele Tapeten verkauft, wie eine Generation zuvor (Trentmann 2016, S. 224).

Das Bürgertum investiert ebenfalls weiter kräftig in die eigenen vier Wände, doch treten hier, ebenso wie im Bereich Ernährung, langsam Sättigungseffekte ein. Stattdessen wird zunehmend mehr Geld für andere Dinge aufgewandt. D. h. trotz absolut steigender Ausgaben für Wohnung, Lebensmittel und Kleidung bleibt ein größerer Teil des Gesamtbudgets für Konsumzwecke abseits des Grundbedarfs übrig – zur Jahrhundertwende bereits etwa 25 % (Haupt 2003, S. 95). Hierfür erfreute man sich an allerlei Annehmlichkeiten, ging ins Theater, besuchte Konzerte und vergnügte sich auf Jahrmärkten.

Alle Schichten profitierten in dieser Zeit jedoch gleichermaßen vom massiven Ausbau der städtischen Infrastrukturen – insbesondere im Bereich Wasser (siehe Kasten 3). Hierdurch erreichten immer mehr Häuser und Wohnungen aus heutiger Sicht hygienische Mindeststandards. Zu Beginn des 20. Jahrhunderts wurde schließlich eine nahezu flächendeckende Versorgung mit Frischwasser erreicht, wodurch sich die Lebensqualität erheblich verbesserte. Alle Stadtwohnungen besaßen nun einen Trinkwasseranschluss und hatten Anbindung ans örtliche Kanalnetz. Der Weg zum Brunnen blieb einem fortan erspart, frisches Wasser floss nun einfach aus dem Hahn. Die Menschen ergriffen zusehends die Gelegenheit, um sich ein eigenes WC und ggf. sogar ein Bad einzurichten (König 2013, S. 118).

Kasten 3: Infrastrukturausbau ab ca. 1850
Bis Mitte des 19. Jahrhunderts erfolgte die Wasserversorgung der Bevölkerung überwiegend aus einer Vielzahl kleiner privater Grundwasserbrunnen, aus denen sich die anliegenden Häuser bedienten. Ein professionelles System zur Abwasserentsorgung gab es i. d. R. nicht. Dung und Jauche wurden einfach auf die Straße oder zur Versickerung in Senkgruben im Keller gekippt; oft nicht weit entfernt vom nächsten Brunnen. Entsprechend hoch war das Risiko einer Verunreinigung. Mit den schnell steigenden Einwohnerzahlen der Städte wuchs dadurch nicht nur die Geruchsbelästigung ins Unerträgliche, sondern es kam auch immer häufiger zum Ausbruch katastrophaler Seuchen. So erkrankten z. B. in Hamburg im Jahr 1892 bei einer verheerenden Epidemie über 17.000 Menschen an Cholera; viele von ihnen starben. Um den zusehends bedenklicher werdenden hygienischen Zuständen entgegenzuwirken, investierten die Kommunen ab der zweiten Jahrhunderthälfte daher massiv in den Aufbau einer zentralisierten Trinkwasserversorgung sowie eines Kanalnetzes zur Abführung von Abwässern. Frischwasser wurde nun aus nahegelegenen Flüssen und Seen entnommen oder aus Tiefenbrunnen gepumpt, dann in Wasserwerken durch Sandfilter gereinigt und erst danach über ein Leistungssystem zu den Verbrauchern gebracht. Schmutzwasser wurde kontrolliert zur nächsten Kläranlage abgeführt (Kleinschmidt 2008, S. 72 ff.; König 2013, S. 115 ff.).

Beginn des modernen Massenkonsums
Während die Entwicklung der Reallöhne in der ersten Hälfte des 20. Jahrhunderts in Europa nun zeitweise stagnierte, erhielten in den USA in dieser Zeit auch immer mehr Mitglieder der Arbeiterklasse Zugang zur Konsumwelt abseits des Grundbedarfs. Sie bewohnten eine passable Unterkunft, besaßen diverse Elektrogeräte und leisteten sich oft sogar ein Auto. Freizeitbeschäftigungen wie Kino, Theater und Konzerte fanden Einzug in alle Schichten. In den Cafés, Musikclubs und Tanzlokalen trafen Arbeiterschaft, Angestellte, Handwerksgesellen, Studenten, Künstler usw. aufeinander, durchmischten sich und vergnügten sich gemeinsam (Abb. 3.2). Fast alle unternahmen regelmäßig Ausflüge und fuhren ab und an in den Urlaub. Die vormals klassenspezifischen Konsummuster fingen an zu verschwimmen; das Bild der Arbeiterklasse änderte sich – viele Autoren sprechen von einer stetigen Verbürgerlichung. Dies zeigte sich unter anderem in der Abnahme klassischer Arbeitsproteste, da die Arbeitenden entweder zu beschäftigt

Abb. 3.2 Feiern im *Elk's Club* Washington D.C. (1943)

waren, ihr neues Leben als Konsument zu genießen oder Überstunden zur Finanzierung dessen ableisteten (Stearns 2006, S. 139 f.).

In Europa geschah nach dem zweiten Weltkrieg Ähnliches: Zwischen 1950 und 1970 kam es zu einem gravierenden Anstieg der Reallöhne, die Kaufkraft verdreifachte sich (Haupt 2003, S. 122). Infolgedessen blieb den Menschen hier ebenfalls mehr disponibles Einkommen, das nicht für Nahrung, Kleidung und Unterkunft ausgegeben werden musste, sodass nun nahezu alle Schichten am um sich greifenden Massenkonsum partizipierten. Die Konsumgrenzen zwischen Arbeitern, Bürgern, Unternehmern usw. verschwanden, während die gesellschaftliche Bedeutung des Konsums wuchs (Hochstrasser 2013, S. 73).

Letztendlich lässt sich die jüngere Konsumgeschichte also beschreiben als Prozess, im Zuge dessen immer mehr gesellschaftliche Gruppen Anschluss an eine Lebensform fanden, in der ein erheblicher Teil des Einkommens für Konsumzwecke außerhalb der Grundbedürfnisse zur Verfügung steht. Insbesondere der Ausgabenanteil für Lebensmittel verringerte sich dramatisch (Tab. 3.2). In den Industrieländern beträgt dieser heute nur noch knapp 10–15 % (Trentmann 2016, S. 338).

Doch nicht nur die Struktur der Haushaltsausgaben wandelte sich, sondern auch das Konsumverhalten selbst: Es werden nicht nur mehr Güter nachgefragt, sondern auch qualitativ hochwertigere bevorzugt; außerdem richtet sich die Nachfrage vermehrt auf Produktkategorien, die vorher im Rahmen des verfügbaren Budgets überhaupt nicht konsumiert werden konnten – sie diversifiziert sich. Aus ehemaligen Luxusgütern wurden so mit der Zeit erst Begehrlichkeiten und schließlich kulturelle Notwendigkeiten, deren Besitz mehr oder weniger erwartet wird. Ihre Diffusion durch die Gesellschaft erfolgte dabei von oben nach unten (‚Trickle-Down-Effekt'): Die Konsummuster der Wohlhabenden sickern nach und nach durch alle Schichten durch und erfassen zuletzt auch die Arbeiterschaft (Jäckel und Kochan 2000, S. 87 ff.). Der Konsum wird popularisiert.

Diese Entstehung einer konsumistischen Populärkultur bedeutet nicht, dass sich die Menschen heute überhaupt nicht mehr in ihren Konsumformen unterscheiden. Allerdings ist anstelle der traditionellen sozialen Klassen inzwischen eine Vielzahl von Lebensstilen getreten, die als Ausdruck verschiedener politischer Ansichten, Weltanschauungen, Überzeugungen aber auch Hobbies und Interessen die Einkommensunterschiede überlagern (König 2013, S. 230). Letzte äußern sich nun mehr durch die Wahl bestimmter Marken oder Ausstattungsvarianten innerhalb der einzelnen Produktkategorien als durch die Teilhabe an der Konsumgesellschaft an sich. Diese hat sich mittlerweile weitgehend demokratisiert.

Tab. 3.2 Grundbedarf im Haushaltsbudget von Arbeiterfamilien in Deutschland, 1810–1971. (Prinz 1997, S. 729)

	Nahrung (%)	Kleidung (%)	Unterkunft (%)	Σ (%)
1810	70,0	8,0	16,3	94,3
1849	65,0	8,0	16,3	89,3
1909	52,0	11,2	21,3	84,5
1950	46,4	13,6	15,9	75,9
1960	38,3	13,5	15,0	66,8
1971	28,6	10,6	19,5	58,7

3.2   Übergang von der Selbst- zur Fremdversorgung

In den agrarisch geprägten Gesellschaften vor der Industrialisierung basierte der private Konsum größtenteils auf Subsistenzwirtschaft, d. h. die Menschen produzierten sich das, was sie zum Leben brauchten, überwiegend selbst (Oglivie 2000, S. 94 f. und 109): Mehr als 80 % arbeiteten in der Landwirtschaft und so wurde die Mehrzahl aller Lebensmittel eigenhändig angebaut. Darüber hinaus nähten die Leute aber auch ihre Kleidung selber, zimmerten sich Möbel, produzierten eigenes Werkzeug u. v. m. Zwar gab es für all diese Dinge auch schon damals kleine Handwerksbetriebe, doch nur die Wenigsten verdienten genug, um deren Leistungen regelmäßig in Anspruch zu nehmen. Die landwirtschaftliche Produktivität war so gering, dass oft nur 20–30 % des Jahresertrags als Überschuss blieben; und davon beanspruchte die Aristokratie gemäß der Feudallogik einen erheblichen Teil für sich, um Hofstaat, Militär und Klerus zu versorgen. Somit blieb nicht viel übrig, was auf dem Markt angeboten werden konnte, und entsprechend wenig Einkommen stand zum Erwerb von Konsumgütern zur Verfügung. Selbstversorgung und Autarkie bestimmten daher den Alltag.

Mit Einsetzen der Industrialisierung zog es im 19. Jahrhundert jedoch immer mehr Menschen vom Land in die Städte, denn dort wurden in den Fabriken dringend Arbeitskräfte gesucht, während es auf den Feldern durch den vermehrten Einsatz landwirtschaftlicher Maschinen zusehends weniger Arbeit gab. So wohnten in 1800 nur etwa 12 % der Europäer in größeren Ortschaften und lediglich 1,3 % in Metropolen mit mehr als 100.000 Einwohnern, gegen 1900 kam dagegen schon beinahe jeder zweite aus der Stadt und immerhin 21,3 % lebten mittlerweile in Großstädten (König 2013, S. 114; Trentmann 2016, S. 174). Entsprechend war ein wachsender Bevölkerungsanteil auf Fremdversorgung angewiesen, d. h. die Leute wurden zunehmend vom Markt und den dort angebotenen Waren abhängig. Dies war insofern kein Problem, als dass die Technisierung der Landwirtschaft den verbleibenden Bauern erlaubte, mit weniger Arbeitskräften deutlich mehr Nahrung einzufahren und weiterzuverkaufen; und so wurden zur Jahrhundertmitte bspw. schon 70 % der französischen Getreideernte extern vermarket (Haupt 2003, S. 41). Anders herum sorgte der Anstieg der Lohnarbeit dafür, dass die Menschen zugleich über mehr finanzielle Mittel zum Einkaufen verfügten. Demzufolge expandierten die Konsumgütermärkte in dieser Zeit enorm. Insbesondere in den Städten entwickelte sich ein florierender Einzelhandel mit Lebensmittelläden, Bäckereien, Fleischereien, Möbel- und Stoffgeschäften, Boutiquen etc. Allein in Wien stieg die Zahl der Handelsgewerbe von 19.482 in 1869 auf 31.847 in 1900, in Frankreich erhöhte sich die Zahl der

Einzelhandelsbeschäftigten von 973.000 im Jahr 1866 auf 2.053.000 in 1911 und auch in Deutschland wuchs die Ladendichte zwischen 1875 und 1917 um fast 130 % (ebd., S. 59 f.).

Als Reaktion auf die verschärfte Konkurrenz wurde der Handel im 19. Jahrhundert zunehmend großbetrieblich organisiert (Trentmann 2016, S. 190 ff.): Kleinere Geschäfte schlossen sich zu Einkaufsgemeinschaften oder Ladenketten zusammen, um ihre Distribution zu rationalisieren und über große Abnahmemengen bessere Einkaufskonditionen auszuhandeln. Ziel war es, mit niedrigen Preisen auch weniger Wohlhabende anzusprechen und so neue Kundengruppen zu erschließen. Anfangs blieben die Geschäfte selbst aber weiterhin klein und waren i. d. R. auf einige wenige Güter spezialisiert; beim Konditor gab es Backwaren, im Schuhladen Schuhe, im Blumenladen Blumen usw. Dennoch wurde die Marktintegration auch ärmerer Bevölkerungsteile hierdurch schon deutlich forciert. Auf die Spitze getrieben wurde sie dann aber von den großen Warenhäusern ab den 1850er Jahren (siehe Kasten 4), deren Geschäftsstrategie voll und ganz auf einen hohen Durchfluss an Menschen und Gütern ausgelegt war. Demgemäß setzen sie alles daran, wirklich sämtliche Schichten als potenzielle Käufer zu gewinnen.

Kasten 4: Die Ära der großen Warenhäuser[2]
Infolge der steigenden Fremdversorgung kam es im 19. Jahrhundert zu allerhand Innovationen im Einzelhandel (Selbstbedienung, Festpreise etc.), doch am meisten beeindruckte die Menschen damals die Etablierung der großen Warenhäuser. Ihren Ursprung nahm diese Entwicklung 1852 mit der Eröffnung des *Bon Marché* in Paris. Es folgten das *Macy's* in New York, das *Harrods* in London, das *Marshall Field's* in Chicago u. v. m. In Deutschland wurden die ersten Warenhäuser in den 1880er Jahren von *Leonhard* und *Hermann Tietz, Rudolf Karstadt* und *Georg Wertheim* gegründet. Bis zur Jahrhundertwende hatte schließlich jede größere Stadt in Europa und Nordamerika eins.

Die erste Besonderheit der Warenhäuser war ihr unglaublich breites Produktsortiment mit Gütern aus aller Welt. Neben Kleidung, Haushaltswaren und Lebensmitteln konnte man dort auch Möbel, Schuhe, Kosmetikartikel, Schreibutensilien, Porzellan, Silberbesteck, Süßwaren, Schmuck u. v. m. kaufen – alles unter einem Dach. Selbst Spezialartikel und exotische

---

[2]Siehe auch Haupt (2003, S. 75 ff.), König (2013, S. 69 ff.) und Stihler (1998, S. 77 ff.).

Importgüter aus fernen Ländern waren problemlos zu haben. Dies wurde ergänzt durch eine für damalige Verhältnisse ungeheure Anzahl von Luxusartikeln, die in Vitrinen aufwendig zur Schau gestellt wurden. Die Warenhäuser betrachteten sich selbst als ‚Universal Provider', und so bot *Harrods* 1895 zeitweise sogar Grabsteine an. Damit die Kunden bei dieser Vielfalt nicht die Übersicht verloren, wurde der Verkauf in nach Güterkategorie getrennten Abteilungen organisiert. In jeder Abteilung arbeiteten spezialisierte Verkäufer, die detaillierte Kenntnisse über den jeweiligen Produktbereich hatten.

Das Geschäftsmodell der Warenhäuser war komplett auf einen hohen Warenumschlag ausgerichtet. Durch Masseneinkauf, rationale Organisation und das Ausschalten von Zwischenhändlern konnten sie den traditionellen Einzelhandel preislich oft um 15–20 % unterbieten. Die Betreiber wollten nicht nur eine kleine Gruppe Wohlhabender bedienen, sondern das wachsende frei verfügbare Einkommen der Masse der Arbeiterschaft als Einnahmequelle erschließen. Statt über die Marge sollte ein ordentlicher Gewinn vor allem über hohe Umsätze erreicht werden. Der gesamte Marktauftritt zielte somit darauf ab, möglichst viele Kunden anzulocken und zum Kaufen zu bringen – und das mit großem Erfolg. Das *Bon Marché* konnte zur Jahrhundertwende z. B. bis zu 70.000 Besucher pro Tag verzeichnen.

Dazu siedelten sie sich i. d. R. zentral an hochfrequentierten innerstädtischen Straßen und Plätzen an und inszenierten sich dort als neues Herz der Stadt, als ‚place to be', den man unbedingt besucht haben sollte. Die Gebäude sollten daher nicht nur funktional sein, sondern die Aufmerksamkeit der Passanten erregen und Menschen von nah und fern anziehen. Zum einen erreichten sie dies allein schon durch ihre schiere Größe, die die damals übliche Wohnbebauung bei weitem überragte. Bspw. umfasste das *Bon Marché* 53.000 m^2 Verkaufsfläche und war damit so groß wie ein ganzer Häuserblock. Im Stadtbild wirkte es wie sonst nur öffentliche oder royale Bauwerke (Abb. 3.3).

Zum anderen bestachen sie durch ihre prachtvolle Architektur, die den Menschen bereits beim Anblick der monumental verzierten Fassade suggerieren sollte, dass es sich hierbei um etwas Neues und ganz Besonderes handelte. Breite Schaufenster vom Erdgeschoss bis unters Dach, helle

Beleuchtung, große Schriftzüge, Fahnen und allerlei extravagante Ornamente prägten das Bild. Das Kaufhaus *Tietz* in Berlin installierte auf seinem Dach z. B. einen von innen strahlenden Globus mit 4,5 m Durchmesser als Blickfang (Abb. 3.4).

Im Inneren setze sich dieser Eindruck nahtlos fort: Ein aufwändig gestalteter Eingangsbereich vermittelte den Kunden das Gefühl, eher einen Palast statt einen Einkaufsladen zu betreten. Dahinter gab es lange Galerien in denen das Warenangebot hübsch dekoriert präsentiert wurde. Dazwischen fanden sich immer wieder traditionelle Stilelemente wie Statuen, Wasserfontänen und aufwendige Treppen, die trotz der günstigen Preise eine Aura von Luxus und Exklusivität erzeugten. Im Zentrum stand dabei oft ein riesiger, lichtdurchfluteter Innenhof, den nicht selten eine ausladende Glaskuppel überspannte (Abb. 3.5). Alles diente dazu, die Waren durch ihre schicke Darbietung in prunkvoller Umgebung besonders begehrenswert erscheinen zu lassen und die Leute zu Impulskäufen zu verleiten.

Zugleich strahlte der Einsatz modernster Technik (elektrisches Licht, Fahrstühle, Rolltreppen, Ventilatoren etc.) neben all dem Glamour auch Modernität und Fortschritt aus. Arm und Reich, Jung und Alt, konservativ und progressiv – alle sollten sich gleichermaßen angesprochen fühlen. Entsprechend wurden die Verkäuferinnen und Verkäufer darauf trainiert, Menschen jeder Schicht freundlich zu behandeln und stets zuvorkommend zu sein. Alle Kunden sollten sich wohlfühlen und gerne wiederkommen.

Und auch im Marketing setzten die Warenhäuser neue Maßstäbe. So gab es regelmäßige Sonderaktionen, die oft mit dicken Rabatten und anderen Verkaufsförderungen (Lockvogelangebote, Gutscheine, Gewinnspiele o. ä.) verknüpft waren – im *Bon Marché* z. B. die ‚weißen Verkaufstage' im Januar, zu denen das ganze Kaufhaus in weißer Dekoration erstrahlte. Diese wurden schon Wochen vorher intensiv in der Regionalpresse beworben, es gab Plakataktionen und vor den Eingängen wurden Flugblätter an vorbeikommende Passanten verteilt. Ziel war es, noch mehr Kunden anzulocken und Stammkunden einen Anreiz zu bieten, mal wieder vorbeizuschauen, um die Publikumsfrequenz weiter zu erhöhen.

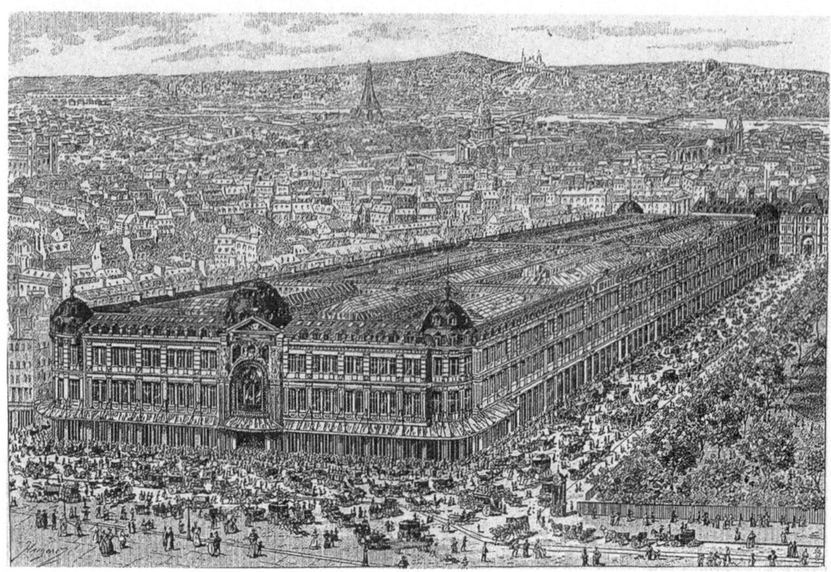

Abb. 3.3 Das *Bon Marché* im Pariser Stadtbild (1887)

Spätestens seit Mitte des 20. Jahrhunderts werden fast alle Konsumgüter in den westlichen Industrienationen käuflich erworben. Wird doch mal etwas selbst hergestellt (z. B. Kuchen gebacken), handelt es sich i. d. R. nicht um eine unausweichliche Sparmaßnahme, sondern um ein Hobby. An die Stelle der Subsistenzwirtschaft ist ein hochkomplexes Wirtschaftsgeflecht getreten, in dem Produktion und Konsum räumlich und zeitlich auseinanderfallen und normalerweise von gegenseitig unbekannten Personen praktiziert werden. Die Versorgung der Menschen erfolgt heute fast ausschließlich über den Markt.

Abb. 3.4 Fassade des Kaufhaus *Tietz* in Berlin (um 1900)

Abb. 3.5 Lichthof des Kaufhaus *Wertheim* in Berlin (um 1900)

3.3   Globalisierung des Konsums

Der vorindustrielle Konsum war vorwiegend lokal. Die wenigen Lebensmittel, die nicht in Eigenproduktion hergestellt wurden, stammten üblicherweise von Bauern aus der Region. Für alle weiteren Produkte des täglichen Bedarfs gab es vor Ort ebenfalls kleine Produzenten (Bäcker, Schneider, Schmied usw.).

Im Zuge der Frühindustrialisierung kam es jedoch zusehends zur Ausbildung spezialisierter Gewerberegionen, die nicht mehr nur auf regionale sondern auch auf überregionale Märkte abzielten und ihre Waren z. T. sogar im Ausland anboten. In Deutschland konzentrierten sich z. B. das bergische Land auf die Metallverarbeitung, Sachsen auf die Textilindustrie und die Oberpfalz auf die Papierproduktion. Zugleich sorgte die Abkehr vom Merkantilismus[3] dafür, dass mehr importiert wurde, sodass nun erstmals ausländische Artikel in nennenswertem Umfang auf den heimischen Markt gelangten; zunächst vor allem Kolonialwaren wie Kaffee, Tee, Gewürze und Kakao, später auch Fertigerzeugnisse wie Kleidung, Werkzeug, Haushaltswaren etc. (Kleinschmidt 2008, S. 58 f.).

In der schwerindustriellen Phase machte die Einführung von Eisenbahn und Dampfschifffahrt den Transport von Konsumgütern dann schneller und billiger als je zuvor und sorgte für die Marktanbindung auch entlegenster Regionen. Hinzu kamen neue Kühl- und Konservierungstechniken mit denen nun auch verderbliche Ware rund um den Globus transportiert werden konnte. Ab 1880 wurden daher vermehrt Rindfleisch aus Argentinien, Bananen aus der Karibik,

---

[3]Als ‚Merkantilismus' wird die wirtschaftspolitische Ausrichtung der europäischen Staaten zwischen dem 16. und dem 18. Jahrhundert bezeichnet. Im Kern dieses Konzepts stand der Glaube, dass sich die internationale Macht eines Staates aus seiner ökonomischen Unabhängigkeit von anderen Nationen ergibt. Folglich wurde angestrebt, möglichst alle benötigten Güter autark im Inland zu produzieren. Exporte signalisierten demnach ökonomische Leistungsfähigkeit, Importe ökonomische Schwäche. Entsprechend galt eine positive Handelsbilanz als Zeichen wirtschaftlicher Prosperität. Je mehr Devisen durch einen Exportüberschuss ins Land kamen, desto höher der nationale Wohlstand; so die vorherrschende Meinung der merkantilistischen Ökonomen. Die absolutistischen Regierungen jener Epoche setzen somit alles daran, Handelsbarrieren aufzubauen und Importe durch Einfuhrquoten, -verbote und -zölle zu verhindern. Zum Ende des 18. Jahrhundert zweifelten jedoch immer mehr Ökonomen – allen voran *Adam Smith* und *David Ricardo* – die Interpretation des Außenhandels als Nullsummenspiel an und zeigten stattdessen auf, dass der freie Austausch von Waren den Wohlstand beider Seiten vergrößert und die wirtschaftliche Entwicklung aller voranbringt. Infolgedessen bemühten sich zusehends mehr Staaten darum, Zollschranken abzubauen und Freihandelszonen zu etablieren (Schrage 2009, S. 51 ff.).

Südfrüchte aus Afrika u. v. m. in die USA und nach Europa verschifft (König 2013, S. 69 f.). Infolgedessen zog der Konsum international gehandelter Produkte in der zweiten Hälfte des 19. Jahrhunderts merklich an (Hudson 1992, S. 182 ff.).

Mit der zunehmenden globalen Verflechtung der Geld- und Warenströme, dem Abschluss zahlreicher bilateraler Freihandelsabkommen und der Etablierung großer multinationaler Wirtschaftsräume wie der EU seit Ende des zweiten Weltkriegs haben nationale Grenzen für den Konsum mittlerweile kaum mehr Bedeutung. Das erfährt man spätestens dann, wenn man bei Reisen durch die Welt feststellt, dass einem stets ein Großteil des verfügbaren Warenangebots bekannt vorkommt. Bspw. kann man heute in fast jedem Land der Erde bei *McDonald's* Essen gehen und stößt überall auf dieselben Speisen, eine identische Ladeneinrichtung und das gleiche Bedienkonzept. Die Mehrheit aller Produkte ist inzwischen auf der ganzen Welt verfügbar. So findet man in nahezu jedem Supermarkt Lachs aus dem Nordatlantik, Kaffee aus Brasilien, Lammfleisch aus Neuseeland, Wein aus Italien, Oliven aus Griechenland usw. Die Herkunft spielt für die Menschen höchstens noch als Qualitätsindikator eine Rolle. Sie fahren deutsche Autos, essen bulgarischen Schafskäse, kaufen chinesisches Spielzeug und wissen oft nicht mal, in welchem Land das Produkt hergestellt wurde (Kaelble 1997, S. 183).

3.4   Wandel vom Versorgungs- zum Erlebniskonsum

Früher diente ein Großteil des Konsums der bloßen Existenzsicherung. Lebensnotwendiges wie Nahrung, Kleidung und Unterkunft war für die Mehrheit so knapp, dass das Selbsterhaltungsstreben stets im Vordergrund stand. Es ging vor allem darum, physische Bedürfnisse wie Hunger und Durst zu stillen, sich mit Kleidung vor Kälte zu schützen und ein halbwegs vernünftiges Dach über dem Kopf zu haben. Entsprechend war es den Menschen relativ egal, was sie aßen und tranken, was sie trugen usw. – solange es überhaupt etwas gab (Stihler 1998, S. 194 ff.).

Die westlichen Konsumenten interessiert heute dagegen mehr, wie ihr Essen aussieht, wie es duftet, wie es schmeckt und wie es angerichtet ist. Ihre Grundbedürfnisse sind so zuverlässig befriedigt, dass ihr Konsum vor allem auf Lustgewinn, Anerkennung und Selbstentfaltung abzielt. D. h. mit dem Wandel zur Konsumgesellschaft sind die physiologischen Motive zunehmend in den Hintergrund getreten und psychische und soziale Motive als neue konsumbestimmende Faktoren nach vorne gerückt. Die Sicherung der Existenz wird mittlerweile als selbstverständlich angesehen, sodass es den Menschen beim Konsum nun vorwiegend um Genuss und Prestige geht. Der versorgungsorientierte Konsum wurde vom erlebnisorientierten Konsum abgelöst. Man trinkt lieber Wein statt Wasser, isst lieber Sushi als Brot und fährt lieber einen Sport- statt einen Kleinwagen. Anstelle des funktionalen Gebrauchswerts einer Ware bestimmt nun der emotionale Zusatznutzen, den sie verspricht, ihre Begehrtheit (König 2013, S. 18).

Dies spiegelt sich schon beim Einkauf wieder. Vor der Industrialisierung war dies bloß Mittel zum Zweck: Im Vordergrund stand die schnelle und einfache Beschaffung der wichtigsten Dinge. Heute ist Einkaufen für viele dagegen eine beliebte Freizeitbeschäftigung. Man bummelt und kauft losgelöst von konkreten Bedarfen wegen des Einkaufserlebnisses an sich; das ‚Shopping‘ selbst bereitet Genuss und Vergnügen (Stearns 2006, S. 49). Die Menschen genießen die Vielfalt der Reize in den Läden, Kaufhäusern und Einkaufszentren, und schöpfen allein aus der Betrachtung der großen Auswahl und Neuartigkeit der angebotenen Waren einen beachtlichen Unterhaltungswert.

Auch diese Entwicklung nahm mit der Transformation des Einzelhandels im 19. Jahrhundert ihren Lauf, als insbesondere die überwiegend nicht erwerbstätigen Frauen aus der Mittelschicht begannen, ihre Freizeit immer häufiger in den vielen neuen Geschäften zu verbringen. Hintergrund war zunächst noch, dass Einkaufen im Sinne der vorherrschenden traditionellen Rollenverteilung als häusliche Pflicht galt, sodass ein Laden damals der einzige Ort neben der Kirche war, wo eine ‚respektable‘ Frau ohne männliche Begleitung hingehen durfte. Mit der zunehmenden Verfügbarkeit von Einkommen auch in unteren Schichten griff dieser Trend jedoch vermehrt auch auf andere Bevölkerungsgruppen über (Stihler 1998, S. 114 f.). Forciert wurde das Ganze schließlich durch die großen Kaufhäuser, die im Streben nach hoher Publikumsfrequenz gezielt darauf setzten, dass die Leute ‚einfach mal so‘ vorbeikamen. Die Betreiber spekulierten darauf, dass Menschen, die das Warenhaus nur zum Spaß besuchten, früher oder später eben doch etwas kaufen würden. Entsprechend taten sie alles, um die Grenzen zwischen Einkauf und Freizeitbeschäftigung verschwimmen zu lassen: Häufig gab es Lesesäle, Erfrischungsräume und Cafés. Restaurants und Wintergärten luden zum Verweilen ein. Dazu wurden Konzerte, Ausstellungen u. v. m. veranstaltet. *Macy's* in New York ging sogar so weit, das Weihnachtsgeschäft jedes Jahr mit einer riesigen Thanksgiving Day Parade durch die halbe Stadt zu eröffnen (Haupt 2003, S. 75 ff.). Eine Tradition, die bis heute Bestand hat und in den USA ein jährliches mediales Großereignis darstellt (Abb. 3.6).

Abb. 3.6 *Macy's* Thanksgiving Day Parade 2012. (Foto: Anthony Quintano)

Die großen Einkaufszentren führen diese Entwicklung heute konsequent fort: Alles ist beheizt und überdacht, damit man bei jedem Wetter bequem bummeln kann. Gastronomie, Parks, Kinos, Theater, Spielplätze, Fitnessstudios, Schwimmbäder und mehr sollen möglichst viele Menschen dazu bringen, zum Spaß haben vorbeizukommen – und dabei gleich noch ein wenig Shoppen zu gehen.

Ausblick 4

Die Entstehung des modernen Konsums ist eng verknüpft mit der Geschichte der Industrialisierung. Beschränkte sich der vorindustrielle Konsum – mit Ausnahme einer kleinen wohlhabenden Elite – fast ausschließlich auf das Lebensnotwendige, zeichnen sich heutige Konsumgesellschaften durch eine umfassende Teilhabe nahezu aller Bevölkerungsschichten an den ‚Annehmlichkeiten‘ des modernen Lebens aus. Die physischen Grundbedürfnisse sind – zumindest in den westlichen Industrienationen, aber auch in immer mehr Ländern Asiens und Lateinamerikas – so zuverlässig gedeckt, dass ein Großteil der privaten Einkommen nicht mehr in Güter des alltäglichen Bedarfs fließt, sondern in Produkte, die der Zerstreuung und Vergnügung dienen. Diese werden kaum noch selbst erzeugt, sondern inzwischen fast ausschließlich über den Markt beschafft; sie stammen aus der Fertigung Anderer – oft großindustrieller Massenproduzenten. Das Sortiment der Geschäfte hat sich dabei weitgehend globalisiert: Statt einer kleinen Auswahl lokal erzeugter Waren ist dort nun eine breite Vielfalt von Artikeln aus aller Welt zu finden, während die regionalen Unterschiede im Angebot zunehmend verschwinden.

Doch die Geschichte des modernen Konsums ist damit genauso wenig beendet, wie die Geschichte der Industrialisierung bereits abgeschlossen ist. In den Medien wird in letzter Zeit häufig von ‚Industrie 4.0‘ gesprochen und damit auf die bevorstehende Etablierung einer weiteren Entwicklungsstufe hoch-rationeller industrialisierter Produktionsprozesse hingewiesen, die mit den neuen Möglichkeiten der Digitalisierung einhergeht. Diese birgt zusätzliche Effizienzpotenziale durch die vernetzte, per künstlicher Intelligenz gesteuerte Koordination hochgradig automatisierter Prozessschritte. Ob es sich hierbei wirklich um den nächsten evolutionären Schritt des Industriezeitalters der letzten 250 Jahre handelt oder ob dies nicht vielmehr den revolutionären Übergang in ein neues, post-industrielles Digitalzeitalter markiert, ist derzeit noch nicht eindeutig

© Springer Fachmedien Wiesbaden GmbH, ein Teil von Springer Nature 2019 37
S. Wallaschkowski, *Die Entstehung des modernen Konsums,* essentials,
https://doi.org/10.1007/978-3-658-23892-6_4

zu sagen.[1] Aufgrund der vorherigen Ausführungen sollte jedoch klar sein, dass sich unser Konsum dadurch erneut verändern wird.

Erste Erfahrungen mit neuen Formen des digitalen Konsums zeigen, dass diese die Entwicklungslinien, die den industriellen Konsumwandel bisher geprägt haben, in einigen Punkten konsequent fortführen. Dies betrifft zum einen den Aspekt des Zugangs (Wallaschkowski und Niehuis 2017, S. 126 f.). So wurden im Verlauf der bisherigen Industrialisierungsgeschichte vor allem finanzielle und soziale Konsumbarrieren abgebaut: Immer mehr Menschen verfügten über genug Einkommen, um in nennenswertem Umfang am Massenkonsum teilzunehmen; und auch die Schichtzugehörigkeit spielt nach Ablösung der alten ständischen Ordnung und der damit verbundenen traditionellen Konsumnormen eine immer geringere Rolle. Nun fallen mit der Digitalisierung auch örtliche und zeitliche Restriktionen, denn bislang war man für den Einkauf noch an den stationären Einzelhandel und dessen Öffnungszeiten gebunden. Dies ist durch die flächendeckende Versorgung mit Internet und die Verbreitung von Online-Shops für fast alle Produktkategorien nicht mehr erforderlich. Man kann jetzt jederzeit bequem von zu Hause aus oder per mobilem Endgerät shoppen, wann und wo man will. Dadurch wird zum anderen an einen weiteren Trend, der in der Ära der großen Kaufhäuser seinen Anfang nahm, angeknüpft: Das Verschwimmen der Grenzen zwischen Einkauf und Freizeit (ebd., S. 140). Schon die ersten Kaufhäuser waren nicht nur als Ort des Warenerwerbs konzipiert, sondern boten auch Unterhaltungs- und Erfrischungsmöglichkeiten. Bei modernen Einkaufszentren stehen beide Aspekte inzwischen gleichberechtigt nebeneinander. In der digitalen Welt kann der Einkauf nun sogar direkt ins Vergnügen integriert werden: Man verabredet sich z. B. im Chat mit Freunden fürs Kino und kann sofort per Messenger Eintrittskarten bestellen; und in Computerspielen sind inzwischen Inn-App-Käufe, mit denen sich das Spielerlebnis jederzeit erweitern lässt, verbreitet.

In anderen Punkten bringt die Digitalisierung aber auch eine signifikante Gegenentwicklung zum industriellen Konsumwandel mit sich (ebd., S. 132 f.). Damit sind einerseits die vielfältigen neuen Optionen zur Personalisierung von Produkten gemeint. Früher waren die meisten Güter Unikate, die sich die Menschen nach eigenen Vorstellungen selbst erzeugten oder bei lokalen Handwerksmeistern gemäß der eigenen Wünsche in Auftrag gaben. Die Industrialisierung ersetzte dies durch eine Logik der Rationalisierung durch Standardisierung und

---

[1]Für eine ausführliche Diskussion dieser Frage siehe Stengel, van Looy und Wallaschkowski (2017).

Mechanisierung, d. h. durch die endlose Herstellung gleichförmiger Waren in normierten Produktionsprozessen, welche in *Henry Fords* berühmten Worten „Jeder Kunde kann ein Auto in jeder Farbe bekommen, die er möchte, solange es schwarz ist" (Ford 1922, S.72)[2] ihren wohl prägnantesten Ausdruck fand. Diese Massenware wurde dann in großen Marketingkampagnen in einheitlicher Kundenansprache an die Leute gebracht. Mit der Digitalisierung kehrt dies um: Digitale Produktionstechnik ermöglicht ‚Mass-Customization', bei der Massenware produziert wird, die trotzdem an individuelle Kundenwünsche angepasst ist. So können die Modelle bei fast allen Automobilherstellern mittlerweile frei konfiguriert werden. Digitalisierte Personendaten schaffen zudem wieder die Option zur personalisierten Ansprache, z. B. durch individualisierte Mailings, persönliche Angebote u. v. m. Als weitere Gegenentwicklung muss andererseits auch das erneute Verschmelzen von Produktion und Konsum genannt werden. Drifteten beide während der Industrialisierung durch den Übergang von der Selbst- zur Fremdversorgung immer mehr auseinander, kommen sie nun im ‚Prosuming', wo der Konsument auch Produzent ist, wieder zusammen. Der Erfolg von ‚user-generated content'-Portalen wie YouTube, ist hier erst der Anfang, denn der 3-D-Druck eröffnet jedem die Chance, auch physische Güter herzustellen.

Zuletzt zeigen sich mit der Digitalisierung noch zwei Phänomene, die sowohl im Vergleich zum vorindustriellen als auch zum modernen Massenkonsum eine Innovation darstellen (Wallaschkowski und Niehuis 2017, S. 129 ff.). Als erstes handelt es sich um die Entmaterialisierung des Konsums: Immer mehr Waren haben keine physische Substanz mehr, sondern liegen ausschließlich in digital kodierter Form vor und finden ihren Weg auf virtuellen Distributionskanälen wie dem Internet zu uns, z. B. beim Streamen von Musik und Videos. Daraus ergibt sich zweitens die Möglichkeit zu ganz neuen Nutzungsformen, wie bspw. dem nicht länger an Zeit und Ort gebundenen Konsum von Medieninhalten on-demand per Tablet oder Smartphone. Und auch altbekannte Konsummuster erscheinen plötzlich in neuem Gewand; besonders offensichtlich im Fall der ‚Sharing Economy', in der das traditionelle Prinzip des Teilens durch digitale Transaktionsplattformen quasi neu erfunden und in völlig andere Dimensionen gehoben wurde. Durch die effiziente Koordination von Angebot und Nachfrage und ausgeklügelte virtuelle Bewertungsmechanismen werden Waren dort nicht mehr nur im kleinen Maßstab an Freunde und Verwandte verliehen, sondern in weit

---

[2]Engl. Original: „Any customer can have a car painted any color that he wants as long as it is black."

größerem Umfang auch gemeinsam mit Fremden genutzt (Botsman und Rogers 2010, S. 67 ff.).

Letzten Endes sind dies nur Indizien dafür, wie die Digitalisierung den Konsum der Zukunft beeinflussen wird, doch zurzeit deutet alles darauf hin, dass sie die zentralen Entwicklungslinien des industriellen Konsumwandels zwar in mancherlei Hinsicht fortschreibt, sie in anderen Punkten aber wieder umzukehren scheint und zudem mit gänzlich neuen Erscheinungen einhergeht, zu denen es in der bisherigen Konsumgeschichte kein Pendant gibt.

Es gibt jedoch noch eine weitere Entwicklung, die unsere zukünftigen Konsummuster maßgeblich prägen wird und die sich am besten unter dem Stichwort ‚Nachhaltigkeit‘ zusammenfassen lässt. Denn immer offenkundiger zutage tretende Umweltprobleme wie Klimawandel, Verlust der Artenvielfalt, Versauerung der Ozeane, steigende Bodendegeneration etc. zeigen, dass unsere aktuelle Art zu wirtschaften kein zukunftsfähiges Modell für eine weiterhin wachsende Weltbevölkerung ist. So hat die Industrialisierung zwar einen bisher ungekannten materiellen Wohlstand mit sich gebracht, doch gleichzeitig dazu geführt, dass der menschliche Ressourcenverbrauch die Regenerationsfähigkeit der globalen Ökosysteme inzwischen deutlich überschreitet (Sachs 2015, S. 34 ff.). Würde jeder so leben wie ein durchschnittlicher Amerikaner, bräuchten wir fünf Planeten, um die hierfür erforderlichen Ressourcen bereitzustellen (Global Footprint Network 2018). Bedenkt man weiterhin, dass der industrielle Konsumwandel in vielen Entwicklungs- und Schwellenländern noch in vollem Gange ist, sodass in den kommenden Jahrzehnten weitere 3 Mrd. Menschen der globalen Konsumentenklasse beitreten werden (Kharas und Gertz 2010), wird klar, dass ein einfaches ‚Weiter so‘ ökologisch nicht tragfähig ist. Schaffen wir es langfristig nicht, unseren Ressourcenverbrauch im Rahmen der planetaren Grenzen zu belassen, droht der unwiderrufliche Kollaps lebenswichtiger Ökosystemdienstleitungen – mit unabsehbaren Folgen für die Menschheit (Rockström et al. 2009; Steffen et al. 2015).

Technischer Fortschritt reicht nicht, um dieser Herausforderung zu begegnen, da Effizienzgewinne durch Rebound-Effekte schnell wieder aufgezehrt werden.[3] Auch die Entmaterialisierung des Konsums durch Digitalisierung hilft nicht weiter, da die Bereitstellung virtueller Güter im Hintergrund eine umfangreiche

---

[3]Effizienzsteigerungen führen i. d. R. zu sinkenden Herstellungskosten und im ökonomischen Wettbewerb folglich zu niedrigeren Preisen. Infolgedessen wird das entsprechende Produkt mehr nachgefragt, sodass die ursprünglichen Einsparungen durch einen anschließenden Mehrverbrauch wieder aufgehoben werden (Santarius 2015, S. 28 ff.).

materielle IT-Infrastruktur braucht. Nötig ist vielmehr, unseren konsumistischen Lebensstil grundlegend zu überdenken, um als Gesellschaft zukunftsfähig zu sein. Oder anders ausgedrückt: Nachhaltigkeit wird ohne Suffizienz nicht funktionieren.[4] Dass gewisse materielle Grundbedürfnisse wie Nahrung, Kleidung und Unterkunft dabei anders als im vorindustriellen Zeitalter für alle Menschen zuverlässig gedeckt sein sollten, steht außer Frage. Dies ergibt sich bereits aus dem Leitbild Nachhaltiger Entwicklung, wonach unsere Ökosysteme einerseits so zu bewirtschaften sind, dass sie für kommende Generationen erhalten bleiben, anderseits aber auch intragenerative Gerechtigkeit anzustreben ist. D. h. die begrenzten Ressourcen, die dann zur Verfügung stehen, sind fair zu verteilen, um jedem Menschen ein Mindestmaß an Lebensqualität zu ermöglichen (Hauff 1987, S. 46). Ziel der Nachhaltigkeit ist ein gutes Leben für alle im Rahmen der Tragfähigkeit der Erde. Jeder Konsument und jede Konsumentin – gerade in den Industrienationen, in denen sich der Übergang zur Konsumgesellschaft bereits voll entfaltet hat – sollte sich daher fragen, welche ‚Annehmlichkeiten' des modernen Massenkonsums für ein gutes Leben wirklich erforderlich sind. Manche Autorinnen und Autoren vertreten sogar die These, dass eine Rückbesinnung aufs Wesentliche zu mehr Lebensqualität führen wird, da die Menschen das, was sie haben, dann intensiver genießen und sich außerdem vermehrt glückstiftenden Aktivitäten abseits des Konsums, wie der Pflege sozialer Kontakte, Kreativität und Selbstverwirklichung, widmen (Jackson 2005). Studien der Glückforschung, nach denen materieller Wohlstand nur bis zu einem gewissen Level zur Steigerung der Lebenszufriedenheit beiträgt (R. Skidelsky und E. Skidelsky 2012, S. 144 ff.), zeigen, dass sie durchaus Recht haben könnten.

---

[4]Der Begriff der Suffizienz wird oft mit Verzicht gleichgesetzt. In der Nachhaltigkeitswissenschaft ist damit jedoch eher die Frage nach dem rechten Maß gemeint (Linz 2012, S. 82 ff.; Stengel 2011, S. 127 ff.).

Was Sie aus diesem *essential* mitnehmen können

- Die Entstehung des modernen Konsums ist eng mit der Geschichte der Industrialisierung verwoben: beides bedingte und beförderte sich gegenseitig
- Zentrale Entwicklungslinien auf dem Weg von der vorindustriellen Mangel- zur heutigen Konsumgesellschaft waren:
  - Demokratisierung des Konsums
  - Übergang von der Selbst- zur Fremdversorgung
  - Globalisierung des Konsum
  - Wandel vom Versorgungs- zum Erlebniskonsum
- Für den Konsum der Zukunft sind zwei Trends von besonderer Bedeutung: Digitalisierung und Nachhaltigkeit.

© Springer Fachmedien Wiesbaden GmbH, ein Teil von Springer Nature 2019
S. Wallaschkowski, *Die Entstehung des modernen Konsums,* essentials,
https://doi.org/10.1007/978-3-658-23892-6

Literatur

Achilles, W. (1993). *Deutsche Agrargeschichte im Zeitalter der Reformen und der Industrialisierung*. Stuttgart: Ulmer.

Andersen, A. (1997). Mentalitätenwechsel und ökologische Konsequenzen. Die Durchsetzung der Konsumgesellschaft in den fünfziger Jahren. In H. Siegrist, H. Kaelble, & J. Kocka (Hrsg.), *Europäische Konsumgeschichte. Zur Gesellschafts- und Kulturgeschichte des Konsums, 18. bis 20. Jahrhundert* (S. 763–791). Frankfurt a. M.: Campus.

Beltran, A., & Carré, P. (1997). Elektrohaushaltsgeräte und Telefon. Zur Sozialgeschichte des Konsums in Frankreich 1920–1980. In H. Siegrist, H. Kaelble, & J. Kocka (Hrsg.), *Europäische Konsumgeschichte. Zur Gesellschafts- und Kulturgeschichte des Konsums, 18. bis 20. Jahrhundert* (S. 349–364). Frankfurt a. M.: Campus.

Berg, M. (2004). Consumption in eighteenth and early nineteenth-century Britain. In R. Floud & P. Johnson (Hrsg.), *The Cambridge economic history of modern Britain: Bd. 1. Industrialization 1700–1860* (S. 357–387). Cambridge: Cambridge University Press.

Botsman, R., & Rogers, R. (2010). *What's mine is yours. How collaborative consumption is changing the way we live*. London: HarperCollins.

Cowan, R. S. (1976). The "industrial revolution" in the home. Household technology and social change in the 20th century. *Technology & Culture, 17*(1), 1–23.

De Vries, J. (2008). *The industrious revolution. Consumer behavior and the household economy, 1650 to the present*. Cambridge: Cambridge University Press.

Desai, A. (1968). *Real wages in Germany 1871–1913*. Oxford: Oxford University Press.

Ford, H. (1922). *My life and work*. New York: Doubleday.

Global Footprint Network. (2018). National footprint accounts 2018. http://www.footprintnetwork.org. Zugegriffen: 1. Aug. 2018.

Hauff, V. (1987). *Unsere gemeinsame Zukunft. Der Brundtland-Bericht der Weltkommission für Umwelt und Entwicklung*. Greven: Eggenkamp.

Haupt, H.-G. (2003). *Konsum und Handel. Europa im 19. und 20. Jahrhundert*. Göttingen: Vandenhoeck & Ruprecht.

Hochstrasser, F. (2013). *Konsumismus. Kritik und Perspektiven*. München: Oekom.

Hudson, P. (1992). *The industrial revolution*. New York: Hodder Arnold.

Jäckel, M., & Kochan, C. (2000). Notwendigkeit und Luxus. Ein Beitrag zur Geschichte des Konsums. In D. Rosenkranz & N. Schneider (Hrsg.), *Konsum. Soziologische, ökonomische und psychologische Perspektiven* (S. 73–93). Opladen: Leske + Budrich.

© Springer Fachmedien Wiesbaden GmbH, ein Teil von Springer Nature 2019   45
S. Wallaschkowski, *Die Entstehung des modernen Konsums, essentials,*
https://doi.org/10.1007/978-3-658-23892-6

Jackson, T. (2005). Live better by consuming less? Is there a "double dividend" in sustainable consumption? *Journal of Industrial Ecology, 9*(1–2), 19–36.

Kaelble, H. (1997). Europäische Besonderheiten des Massenkonsums 1950–1990. In H. Siegrist, H. Kaelble, & J. Kocka (Hrsg.), *Europäische Konsumgeschichte. Zur Gesellschafts- und Kulturgeschichte des Konsums, 18. bis 20. Jahrhundert* (S. 169–203). Frankfurt a. M.: Campus.

Kharas, H., & Gertz, G. (2010). The new global middle class. A crossover from west to east. In C. Li (Hrsg.), *China's emerging middle class. Beyond economic transformation* (S. 32–53). Washington: Brookings Institution Press.

Kleinschmidt, C. (2008). *Konsumgesellschaft*. Göttingen: Vandenhoeck & Ruprecht.

König, W. (2013). *Kleine Geschichte der Konsumgesellschaft. Konsum als Lebensform der Moderne*. Stuttgart: Steiner.

Linz, M. (2012). *Weder Mangel noch Übermaß. Warum Suffizienz unentbehrlich ist*. München: Oekom.

McKendrick, N., Brewer, J., & Plump, J. H. (1982). *The birth of a consumer society. The commercialization of eighteenth-century England*. London: Hutchinson.

Mintz, S. (2007). *Die süße Macht. Kulturgeschichte des Zuckers* (2. Aufl.). Frankfurt a. M.: Campus.

Nye, D. (2012). Consumption of energy. In F. Trentmann (Hrsg.), *The Oxford handbook of the history of consumption* (S. 307–325). Oxford: Oxford University Press.

Oglivie, S. (2000). The European economy in the eighteenth century. In T. Blanning (Hrsg.), *The eighteenth century. Europe 1688–1815* (S. 91–130). Oxford: Oxford University Press.

Ott, H. (1986). *Historische Statistik in Deutschland: Bd. 1. Öffentliche Elektrizitätsversorgung*. St. Katharinen: Scripta Mercaturae.

Prinz, M. (1997). Von der Nahrungssicherung zum Einkommensausgleich. Entstehung und Durchsetzung des Selbsthilfemusters Konsumverein 1770–1914 in England und Deutschland. In H. Siegrist, H. Kaelble, & J. Kocka (Hrsg.), *Europäische Konsumgeschichte. Zur Gesellschafts- und Kulturgeschichte des Konsums, 18. bis 20. Jahrhundert* (S. 717–744). Frankfurt a. M.: Campus.

Prinz, M. (2003). Aufbruch in den Überfluss? Die englische ‚Konsumrevolution' des 18. Jahrhunderts im Lichte der neueren Forschung. In M. Prinz (Hrsg.), *Der lange Weg in den Überfluss. Anfänge und Entwicklung der Konsumgesellschaft seit der Vormoderne* (S. 191–217). Paderborn: Schöningh.

Rockström, J., Steffen, W., Noone, K., Persson, Å., Chapin III, F. S., Lambin, E., … Nykvist, B. (2009). Planetary boundaries. Exploring the safe operating space for humanity. *Ecology & Society 14*(2), 32.

Sachs, J. (2015). *The age of sustainable development*. New York: Columbia University Press.

Santarius, T. (2015). *Der Rebound-Effekt. Ökonomische, psychische und soziale Herausforderungen für die Entkopplung von Wirtschaftswachstum und Energieverbrauch*. Marburg: Metropolis.

Schildt, A. (1997). Freizeit, Konsum und Häuslichkeit in der ‚Wiederaufbau'-Gesellschaft. Zur Modernisierung von Lebensstilen in der Bundesrepublik Deutschland in den 1950er Jahren. In H. Siegrist, H. Kaelble, & J. Kocka (Hrsg.), *Europäische Konsumgeschichte. Zur Gesellschafts- und Kulturgeschichte des Konsums, 18. bis 20. Jahrhundert* (S. 327–348). Frankfurt a. M.: Campus.

Schrage, D. (2009). *Die Verfügbarkeit der Dinge. Eine historische Soziologie des Konsums.* Frankfurt a. M.: Campus.

Skidelsky, R., & Skidelsky, E. (2012). *Wie viel ist genug? Vom Wachstumswahn zu einer Ökonomie des guten Lebens.* München: Kunstmann.

Stearns, P. (2006). *Consumerism in world history. The global transformation of desire* (2. Aufl.). New York: Routledge.

Steffen, W., Richardson, K., Rockström, J., Cornell, S. E., Fetzer, I., Bennet, E. M., … Sörlin, S. (2015). Planetary boundaries. Guiding human development on a changing planet. *Science 347*(6223), 1259855.

Steiner, A. (2003). Von der Eigenfertigung zum Markterwerb. Ein Beitrag zur Kommerzialisierung des Wirtschaftens privater Haushalte in Deutschland im langen 19. Jahrhundert. In M. Prinz (Hrsg.), *Der lange Weg in den Überfluss. Anfänge und Entwicklung der Konsumgesellschaft seit der Vormoderne* (S. 255–271). Paderborn: Schöningh.

Stengel, O. (2011). *Suffizienz. Die Konsumgesellschaft in der ökologischen Krise.* München: Oekom.

Stengel, O., Looy, A. van, & Wallaschkowski, S. (Hrsg.). (2017). *Digitalzeitalter – Digitalgesellschaft. Das Ende des Industriezeitalters und der Beginn einer neuen Epoche.* Wiesbaden: Springer VS.

Stihler, A. (1998). *Die Entstehung des modernen Konsums.* Berlin: Duncker & Humblot.

Trentmann, F. (2016). *Empire of things. How we became a world of consumers.* London: Allen Lane.

Wallaschkowski, S., & Niehuis, E. (2017). Digitaler Konsum. In O. Stengel, A. van Looy, & S. Wallaschkowski (Hrsg.), *Digitalzeitalter – Digitalgesellschaft. Das Ende des Industriezeitalters und der Beginn einer neuen Epoche* (S. 109–141). Wiesbaden: Springer VS.

Zängl, W. (1989). *Deutschlands Strom. Die Politik der Elektrifizierung von 1866 bis heute.* Frankfurt a. M.: Campus.

Ziegler, D. (2012). *Die Industrielle Revolution.* Darmstadt: WBG.